Dominique Colombani

JE PARLE ESPAGNOL

SOMMAIRE

La langue espagnole

L'espagnol est une langue parlée par environ 450 à 500 millions de personnes dans le monde. C'est une des langues de travail officiel de l'UNESCO et des Nations Unies.

Elle est pratiquée bien sûr en Espagne où elle est la langue commune à l'ensemble de la population, même si les Régions du Pays Basque, de la Galice et de la Catalogne (*Comunidades*) revendiquent l'usage de leur langue régionale à côté de l'espagnol. S'il est vrai que le catalan, le basque et le galicien sont couramment pratiqués et enseignés dans leur Communauté respective, l'espagnol reste la référence linguistique pour les Institutions nationales. L'espagnol est une langue très vivante, très accueillante, acceptant facilement les emprunts et surtout qui a su en quelques décennies, en une génération à peine, devenir un moyen d'expression moderne dans des domaines aussi variés que les sciences et la technologie, la littérature et la poésie.

En dehors de l'Espagne, on retrouve l'espagnol sur le continent américain et dans quelques anciennes possessions coloniales telles que les Philippines ou la Guinée Équatoriale.

En Amérique du nord, il est langue officielle au Mexique où les langues indiennes comme le Nahuatl ne peuvent résister qu'en offrant des mots aujourd'hui incontournables : Xocolatl, *el chocolate*, chocolat ; tomatl, *el tomate* (m), la tomate (f).

Tout le Sud des États-Unis, anciennes possessions mexicaines, mais aussi terre d'immigration pour les latino-américains, parle aussi espagnol, en Californie principalement, mais aussi en Floride, au Texas ; « les Hispaniques » sont même présents dans les grandes métropoles du nord comme New-York.

L'Amérique Centrale et celle du Sud, certaines iles des Caraïbes (Puerto-Rico, Saint Domingue, Cuba) où l'influence de la Métropole (la *Madre Patría*, la Mère

Patrie) a subsisté longtemps *son de habla española* (parlent l'espagnol). Le Brésil par contre, ancien territoire portugais s'exprime en portugais-brésilien.

Enfin plus près de nous et ne représentant qu'une minorité certes mais influente dans son domaine, nous ne saurions oublier les amateurs de tauromachie qui parlent et écrivent sur leur passion commune dans une langue où l'espagnol, même malmené ou prononcé parfois de manière étrange, occupe une place importante.

Les différences de part et d'autre de l'Atlantique

Il ne faut pas les exagérer : un Mexicain et un Madrilène n'ont aucun mal à se comprendre. Il y a bien sûr des différences d'accent, des emprunts aux langues indiennes environnantes ou à l'anglais très influent qui provoquent parfois des sourires ou un étonnement passager des interlocuteurs.

Les différences dans la conjugaison des verbes distinguent plus sûrement un Espagnol d'un Latino-américain. Ceux-ci n'utilisent pour ainsi dire pas la personne **Vosotros** (tutoiement pluriel en Espagne) au profit d'un usage indistinct de **Ustedes** (en principe « Vous » de politesse pluriel). De plus les habitants du Cône sud (*Cono Sur* : *Argentina, Uruguay*), ont une manière singulière de tutoyer avec des formes verbales particulières, c'est le « **voseo** » : *Vos decís* (accentué sur la dernière syllabe), pour **Tu dices** (Tu dis).

Tout ceci fera au cours de l'ouvrage l'objet de remarques qui ne doivent pas faire oublier que l'espagnol courant présenté ici est majoritairement celui de l'ensemble des hispanophones.

Notes essentielles sur la langue

L'alphabet

- L'alphabet espagnol est globalement le même que l'alphabet français, mais il comporte trois lettres supplémentaires et spécifiques :
- le **ch** qui vient après le « c » ;
- le **ll** qui s'intercale entre le « l » et le « m » ;
- le **ñ**, qui se place après le « n » ;

(Pour la prononciation de ces lettres, voir ci-dessous).

- Les lettres sont féminines : on dit en espagnol *la « a » la « b »*.
- Seules peuvent doubler les consonnes du mot « **c-r-i-n** » (*la acción, la torre, innecesario.*) Il n'existe pas d'autres combinaisons de lettres.

La ponctuation

Nous traiterons plus loin de la ponctuation spécifique dans le courrier par exemple mais il faut déjà connaître la règle de base.

- En espagnol l'exclamation et l'interrogation s'expriment au début **et** à la fin de l'expression.

Le premier point d'interrogation ou d'exclamation est à l'envers.

¿Qué dices?	Que dis-tu ?
¡Qué catástrofe!	Quelle catastrophe !

- Le pronom interrogatif porte toujours un accent écrit.

¿Cuándo vienes?	**Cuando termine de escribir**
Quand viens-tu ?	Quand j'aurai fini d'écrire
¿Quién viene?	**La persona de quien te hablé.**
Qui vient ?	La personne dont je t'ai parlé.

La prononciation

D'une manière générale **toutes les lettres** d'un mot se prononcent.
Ne sont indiquées que les lettres qui présentent des différences de prononciation avec le français.

Lettre	Comme dans	Exemple	Transcription
A	p**a**tte. Est toujours court et sans modulation (jamais pâte)	palacio	_Palassio_
E	**é** français de **é**toffe	elefante	_éléfante_
O	p**o**t, fermé sans exagération	tamp**oco**	_tampoko_
U	le « ou » de c**ou**	seg**o**ra	_ségoura_
Y (voyelle)	p**y**rénées	muy	_moui_
B	**b**ateau en début de mot ; se rapproche de aure**v**oir en milieu de mot	barco avenida	_Barko Avénida_
C	**s**aut, avec un cheveu sur la langue devant « e » et « i » (mais sans cheveu en Amérique !). **c**omique, ailleurs	cocina	_kossina_
D	se prononce peu entre deux voyelles ou parfois pas du tout à la fin d'un mot.	codo usted	_Ko(d)o Oustè(d)_
G	**g**amin devant « e » et « i », un « r » très guttural	garage	_gararhé_
J	toujours comme le « g » placé devant « e » pet « i »	jasmín	_rhasmin_
Ll (lettre à part entière)	lierre, mais encore plus mouillé, comme si elle était suivi du son de « y » dans yoyo	llamar	_lyamar_

Lettre	Comme dans	Exemple	Transcription
Ñ (lettre à part)	pa**gn**e	piña	*Pinia*
R	il est toujours roulé, et doublement lorsqu'il est double ou en début de mot !	carro rosa	*Karrrrro rrossa*
S	ma**ss**e	masa mastil	*Massa Maztil*
V	mêmes règles que pour le « b », ces deux lettres se prononçant de la même manière.		
X	ta**x**i, e**s**calope (en deuxième position dans le mot) au Mexique comme le « j » espagnol.	taxi exportar mexico	*Taksi Esportar merhiko*
Z	pa**ss**e	azul	*assoul*

Pour tout le reste :
- prononcer **toutes les lettres d'un mot** sauf le h ;
- ne jamais former de nasales dans les combinaisons de voyelles avec n et m : *corazón* (**corasson'**), *mensaje* (**mènssarhé**).

L'accentuation
La règle de base qui ne souffre aucune exception est la suivante :
- accentuation sur l'avant dernière syllabe des mots se terminant par une voyelle, un -n ou un -s : *zapato* (chaussure), *miren* (regardez), *iris* (iris);
- accentuation sur la dernière syllabe des mots se terminant par une consonne (sauf le « n » et le « s ») : *pared* (mur) **;** *crecer* (grandir) ;

- tous les déplacements de l'accent tonique par rapport à cette règle sont marqués par un accent aigu sur la voyelle de la syllabe accentuée : *perdón* se termine par un « n » et devrait donc être accentué sur l'avant dernière syllabe. Mais l'accent aigu sur le « o » déplace l'accent tonique sur la dernière syllabe.

Le genre des noms

Dans la grande majorité des cas les noms se terminant par –**o** sont masculins ; ceux se terminant par –**a** le plus souvent sont féminins.
Mais il y a de nombreuses exceptions et quelques règles plus « nuancées ».

SONT MASCULINS	Exemples	Exceptions
les noms se terminant par **-o**	el viento *(le vent)*, el pizo *(l'étage)*, el mango *(la mangue)*	La mano, la radio, la moto
les noms se terminant par **-or**	el calor *(la chaleur)*, el ventilador *(le ventilateur)*	la flor *(la fleur)*, la labor *(le travail)*, la coliflor *(le choux-fleur)*, ...
les noms des rivières, des mers et des montagnes	el Sena, el Mediterráneo, los Alpes	

SONT FÉMININS	Exemples	Exceptions
les noms se terminant par **-a**	La ventana *(la fenêtre)*, la taza *(la tasse)*	El día *(le jour)*, el idioma *(la langue)*, el problema, ...
les noms se terminant par **-ión, -tad** et **-dad**	La presión, la lección, la piedad *la pitié)*, la bondad *(la bonté)*.	

⚠ Attention ! Certains noms peuvent avoir deux genres, mais qui correspondent à des sens différents.

el guía → le guide *(l'homme)*   **la guía** → le guide *(le livre)*
el policía → le policier   **la policía** → la police

Du masculin au féminin

■ Les noms se terminant en **–o** au masculin, le remplacent par un **–a** au féminin.

el hermano → **la hermana**

le frère → la sœur

Ne pas oublier en particulier de « féminiser » les noms de profession.

el médico → **la médica**
el ingeniero → **la ingeniera**

■ Les mots se terminant par **–a, -ista** ou **–e** ont presque toujours la même forme au masculin et au féminin.

el/la pianista   **un/una belga**   **un/una cantante**

■ Dans les cas non mentionnés ci-dessus il suffit d'ajouter un **–a** à la fin du mot.

el señor → **la señora**
el patrón → **la patrona**

Là non plus, ne pas oublier le féminin des noms de métier :

el pintor → **la pintora**
el profesor → **la profesora**

Du singulier au pluriel

■ Si le nom se termine par **une voyelle** (sauf le **i accentué : –í**) on ajoute **–s** à la fin du mot :

la vaca → **las vacas**   **el plato** → **los platos**
el ímpetu → **los ímpetus** *(l'élan)*.

■ Si le nom se termine par –**í (i accentué)** ou **une consonne**, son pluriel se forme en -**es** :

un par →	dos pares	el rey →	los reyes
la canción →	las canciones	un jabalí →	jabalíes*

*Remarquez au passage que l'article indéfini **un** (un) n'a pas de pluriel. En d'autres termes en espagnol, on ne traduit pas le « des »français.

Mode d'emploi de l'ouvrage

■ L'ouvrage est divisé en quatre parties à l'intérieur desquelles chaque chapitre traite d'un thème. Pour chaque thème, nous vous présentons d'abord une liste de vocabulaire dans le sens français – espagnol, afin que vous puissiez rapidement et facilement trouver le mot dont vous avez besoin dans une situation donnée. À la suite du vocabulaire, vous trouverez des phrases où il est utilisé et « mis en scène » de différentes manières.

■ Dans les tableaux de vocabulaire,

   - le genre du mot espagnol est indiqué **seulement** s'il est différent de celui du mot français ;

   - (*Am.)* indique que le mot est utilisé en Amérique.

■ Les encadrés « Puede repetir por favor », présentent des phrases que vous êtes plutôt susceptibles d'entendre et non d'avoir à construire. Nous vous les présentons pour que vous puissiez vous préparer à bien les comprendre.

■ À la fin de chaque chapitre, sous la rubrique « Des outils pour communiquer » vous trouverez des petites notes de grammaire, mais surtout de la conjugaison, puisque c'est la seule véritable difficulté que peut présenter pour vous cette langue qui très vite va chanter à vos oreilles.

¡ADELANTE! y hasta muy pronto …… en español.

Premiers contacts

Vous avez traversé les Pyrénées ou l'océan Atlantique sud et vous voilà plongé dans un milieu hispanophone.

Dans cette première partie vous allez découvrir et acquérir les expressions de base qui vont vous permettre d'arriver sans encombre, de faire connaissance avec vos interlocuteurs, de vous loger et même de circuler un peu.

Si, par malheur, un incident se produit, vous aurez votre bagage de première urgence et pourrez écrire une lettre pour tout expliquer.

Tout ceci n'est pas mal pour vos premiers pas sur des terres qui bien vite ne seront plus si étrangères.

¡Arriba que nos vamos!

Présentations

→ VOIR AUSSI : « COURRIER », « ENTRE AMIS »

Comprendre

bonjour	**buenos días**
bonjour (après-midi)	**buenas tardes**
bonsoir	**buenas noches**
salut !	**¡hola !**
au revoir	**hasta luego / adiós** (esp.)
adieu	**adiós**
à tout de suite	**hasta luego, hasta lueguito** (am.)
comment ça va ?	**(¡hola !) ¿qué tal ?**
comment allez-vous ?	(am. col.) **¿qué ha hecho ?**
monsieur	**señor**
madame	**señora**
mademoiselle	**señorita**
bien, très bien	**bien, muy bien**
comme-ci, comme ça	**regular**

s'appeler	**llamarse**
je m'appelle	**me llamo**
prénom	**nombre**
nom (patronymique)	**apellido**
oui	**sí**
non	**no**
merci	**gracias**
bien sûr	**por supuesto**
s'il vous plaît (te plaît)	**por favor**
de rien	**de nada**
d'accord	**vale**
je suis …	**soy …**
français (e)	**francés, francesa**
espagnol(e)	**español(a)**
argentin(e)	**argentino(a)**

Salutations

• Il est important de bien faire la différence entre les salutations selon le moment de la journée.

L'emploi de « ¡Hola! » bien que familier est de plus en plus courant, et tend à se généraliser en Espagne, quel que soit l'âge ou l'origine de la personne qui parle, sauf dans le cadre de relations formelles ou d'un premier contact.

mexicain(e)	**mexicano(a)**		employé(e)	**empleado(a)**
colombien(ne)	**colombiano(a)**		bureau	**oficina**
latino(américain)	**latino**		assistant(e)	**asistente**
mexicain(e) (des États-Unis)	**chicano(a)**		pardon	**perdón**
			désolé(e)	**lo siento**
l'âge	**la edad** *(f)*		comprendre	**comprender, entender**
parler	**hablar**			
lentement	**despacio**		pourquoi ?	**¿por qué?**
répéter	**repetir**		parce que	**porque**
épeler	**deletrear**		vraiment ?	**¿de veras?, ¿cierto?**
écrire	**escribir**		travailler	**trabajar**
avoir	**tener**		vivre	**vivir**
étudiant(e)	**estudiante**		seul(e)	**solo(a)**
architecte	**arquitecto(a)**		célibataire	**soltero(a)**
médecin	**medico(a)**		marié(e)	**casado(a)**
professeur	**profesor(a)**		enchanté(e)	**encantado(a)**

Un temps élastique

Dans certains pays d'Amérique latine comme au Mexique, mieux vaut se méfier gentiment d'expressions du type « Hasta ahorita » ou « Hasta prontico » qui en principe fixent un délai d'attente relativement court.

Mais cela peut durer entre quelques minutes et plus souvent quelques heures.

Et si dans les Caraïbes on vous a dit « hasta lueguito, mi amor » ne croyez pas avoir découvert l'amour de votre vie. Il s'agit juste d'un petit mot gentil pour que vous ne perdiez pas patience !

Se présenter

S'exprimer

■ Bonjour madame Pérez.
Buenos días (buenas tardes), señora Pérez.

■ Bonsoir, comment allez-vous ?
Buenas noches. ¿Qué tal?

■ Cela fait si longtemps !
¡Cuánto tiempo sin vernos!

■ Je m'appelle Francis et voici ma femme.
Me llamo Francis y está es mi señora (mi mujer).

■ Je suis venue avec mon compagnon/mari.
He venido con mi compañero/marido.

■ Je te présente ton guide.
Te presento a tu guía.

■ Permettez-moi de vous présenter mon assistante.
Permítame que le presente a mi asistente.

■ Enchanté(e) et bienvenue à Madrid.
Encantado(a) y bienvenido(a/os/as) a Madrid.

■ Salut Jean ! Ça va ?
Hola, Juan. ¿Qué hay?

Puede repetir por favor	
¿Cómo está?	Comment allez-vous ?
Permítame presentarme ...	Permettez-moi de me présenter …
Soy su guía	Je suis votre guide
Le (la) estaba esperando	Je vous attendais

- Ça baigne et toi ?
Fenomenal. ¿Y tú ?
- Superbe !
¡Estupendo !
- Je suis étudiant en médecine.
Soy estudiante en medicina.
- Je travaille dans un bureau à Lyon.
Trabajo en una oficina en Lyon.
- Pardon, je ne vous comprends pas.
Perdón. No le entiendo.
- Parlez plus lentement, SVP.
Hable más despacio, por favor.
- Pouvez-vous épeler (écrire) votre nom, SVP.
Por favor, puede deletrear (escribir) su nombre.
- Je suis Espagnol et je parle un peu français.
Soy español y hablo un poco francés.
- Je suis Français et mon espagnol est lamentable.
Soy francés y hablo fatal español.
- Ne t'inquiète pas, nous allons nous comprendre.
No te preocupes, nos vamos a comprender (entender).

La préposition « a »

Elle a plusieurs emplois. En voici deux.

- **a** indique un mouvement vers : Voy **a** Madrid *(Je vais à Madrid)*
- **a** précède obligatoirement un COD de personne : Te presento **a** tu guía *(Je te présente ton guide)*.

Le voyage

Comprendre

voyager	viajar	piste	pista
aéroport	aeropuerto	quai (de gare)	andén
gare	estación	voie	vía
départ	salida (f)	porte d'embarquement	puerta de embarque
arrivée	llegada	équipage	tripulación (f)
à l'heure	a la hora	pilote	piloto
en retard	atrasado (a)	siège	asiento
billet, (prendre un)	pasaje, billete (sacar un)	couchette	litera
avion, train	avión, tren	wagon-lit	coche-cama
bagage	equipaje	déclarer	declarar
ticket de bagage	talón de equipaje	passeport	pasaporte
carte d'embarquement	tarjeta de embarque	valise	maleta
		sac de voyage	maletín
liste d'attente	lista de espera	chariot (à bagages)	carrito
escale	escala	voyageur	viajero (a)
hôtesse	azafata	aller à	viajar a
hublot	ventanilla (f)	voler vers	volar hacia
couloir	pasillo	le vol pour	el vuelo para
excès de poids	sobrepeso	papiers (d'identité)	documentación (f)
guichet, guichetier (e)	taquilla (f), taquillero (a)	carte d'identité	documento nacional d'identidad (DNI)
enregistrer (les bagages)	facturar, chequear (am)	atterrir	aterrizar
correspondance	conexión	entrer en gare	entrar en la estación

18

billet simple	**billete (pasaje) de ida**
aller et retour	**ida y vuelta**
réduction (enfant)	**rebaja (para niños)**
première, deuxième clase	**primera, segunda clase**
place réservée	**asiento reservado**
handicapé(e)	**minusválido (a)**
personne âgée	**persona mayor**
changer un billet / de train	**cambiar un billete / de tren**
annuler un voyage, un billet	**cancelar un viaje, un pasaje**
assurance	**seguro** (m)
abîmé(e)	**dañado (a)**
perdu(e)	**perdido(a)**
réclamer	**reclamar**

consigne	**consigna**
volé(e)	**robado (a)**
mal au cœur	**mareado(a)**
bateau	**barco**
port	**puerto**
ferry	**ferry, transbordador**
gilet de sauvetage	**chaleco salvavidas**
mesure de sécurité	**medida de seguridad**
sortie de secours	**salida de emergencia**
terminal (d'aéroport)	**terminal**
prendre le car	**coger el bus**
gare routière	**terminal de buses**

Puede repetir por favor

El vuelo para La Habana tiene dos horas de retraso	Le vol pour La Havane a deux heures de retard.
Se solicita al señor y a la señora Martin en la sala de embarque n° 32.	Madame et monsieur Martin sont demandés en salle d'embarquement n° 32.
Su pasaporte y su tarjeta de embarque, por favor.	Passeport et carte d'embarquement, SVP.
¿Con quién viaja este niño?	Avec qui voyage cet enfant ?

Le voyage

S'exprimer

- De quel terminal partent les vols intérieurs ?
¿De qué terminal salen los vuelos interiores ?

- Je voudrais un billet pour Oaxaca.
Quisiera un pasaje para Oaxaca.

- Un aller et retour pour Barcelone, en seconde, SVP.
Una ida y vuelta para Barcelona en segunda clase, por favor.

- Le train est en retard ? Alors je prends le bus.
¿Está atrasado el tren ? Entonces voy a coger el bus.

- Il est interdit de fumer dans ce wagon
Está prohibido fumar en este coche.

- À quel guichet enregistre-t-on pour Séville ?
¿En qué ventanilla (mostrador) se factura el vuelo a Sevilla?

- Je ne vois pas le n° de la salle sur la carte d'embarquement.
No veo el n° de la sala de embarque en la tarjeta.

- Voici mon visa et celui de mon fils sur le même passeport.
Aquí tiene mi visado y el de mi hijo en el mismo pasaporte.

- J'ai demandé un Wagon-lit pour hommes ; vous vous êtes trompés.
Pedí un coche cama para hombres. Se han equivocado.

- J'aimerais un siège avec de l'espace pour les pieds et de préférence près d'un hublot.
Quisiera un asiento con espacio para los pies y, si es posible, al lado de una ventanilla.

- Voulez-vous boire quelque chose ?
¿Quiere tomar algo ?

- Oui, volontiers, un jus de fruit, SVP.
Con mucho gusto, un zumo de frutas / jugo de fruta *(am)*, por favor.

■ Nous allons à la voiture-restaurant ?

¿Vamos al vagón-restaurante?

■ Le commandant Javier Bueno et son équipage sont heureux de vous accueillir à bord de ce vol pour Buenos-Aires.

El comandante Javier Bueno y su tripulación les dan la bienvenida a bordo de este vuelo a Buenos Aires.

■ Nous décollerons dans cinq minutes et atterrirons à Buenos Aires à 17 heures locales.

Despegaremos dentro de cinco minutos y aterrizaremos en Buenos Aires a las cinco de la tarde, hora local.

■ Veuillez attacher vos ceintures de sécurité et éteindre vos cigarettes.

Por favor, abrochen sus cinturones de seguridad y apaguen sus cigarillos.

■ Ce wagon est non fumeur.

Este coche es reservado a los no fumadores.

■ Combien d'arrêts restent-ils jusqu'à Malaga.

¿Cuántas paradas quedan hasta Málaga ?

■ Vous devez descendre, c'est le dernier arrêt.

Tiene que bajarse, es la última parada.

À chacun son car

En Amérique, les distances sont souvent très grandes et le transport rapide demeure l'avion. Mais pour voir du paysage et suivre des itinéraires parfois sublimes (**el tren de Machu Pichu** par exemple), n'hésitez pas à prendre les transports terriens. Au Mexique ce sont les **camiones** que leur chauffeur pousse à fond dans les côtes avec passagers, poules et bagages. En Colombie, **los autobuses** bariolés vous promèneront même dans les montagnes. À Cuba, c'est **la guagua** qui vous emmènera à la plage et le **camello** (le «chameau» ainsi nommé parce qu'il a une bosse sur son toit) qui vous transportera jusqu'au cinéma.

L'arrivée

→ VOIR AUSSI : VOYAGE

Comprendre

arriver	llegar
arrivée	llegada
point de rencontre	punto de encuentro
livraison des bagages	entrega de equipaje
contrôle de douane	control de aduana
police des frontières	policía de inmigración
passeport	pasaporte
visa	visado, visa (f)
Où est … ? Où sont … ?	¿Dónde está … ? ¿Dónde están … ?
séjour	estancia
touriste	turista
déclarer	declarar
quelque chose	algo
ouvrir	abrir
tapis roulant	cinta (f), estera (f ; am)
clef	llave
affaires personnelles	efectos personales
cadeau	regalo
sans valeur	sin valor

caméra	cámara, vídeo
appareil photo	cámara fotográfica
bureau de change	oficina de cambio
office de tourisme	oficina de turismo
taxi	taxi
arrêt	parada
réservation (de voiture)	reservación (de auto)
vêtements (pluriel)	ropa (f. singulier)
invité(e)	invitado(a)
semaine, mois	semana, mes
taxe de douane	tasa de aduana
interdit	prohibido
libre de taxe	libre de impuesto
bienvenue	bienvenido(a)
bon séjour	buena estancia
bonnes vacances	buenas vacaciones
prudent	prudente
hôtel	hotel
auberge	hostal
hôtel de charme (chaîne d'État)	parador

chambre d'hôte	**casa de huespedes**
chambre pour deux / à un lit	**habitación doble / individual**
lit à une place	**cama individual**
lits jumeaux	**dos camas**
lit à deux places	**cama de matrimonio**
berceau, lit d'enfant	**cuna, cama para niño**
douche, salle de bains	**ducha, baño** *(m)*
coffre-fort	**caja fuerte**

réserver	**reservar**
adresse	**dirección**
cher / bon marché	**caro(a) / barato(a)**
piscine	**piscina**
rue	**calle**
place	**plaza**
quartier	**barrio**
centre ville	**centro (de la ciudad)**
Combien (coûte) ?	**¿Cuánto (cuesta) ?**
course (de taxi)	**carrera**
perdu(e)	**perdido(a)**

Puede repetir por favor	
Control de aduana. ¿Puede abrir esta maleta, por favor?	Contrôle de douane. Pouvez-vous ouvrir cette valise SVP ?
¿Tiene algo que declarar?	Avez-vous quelque chose à déclarer ?
Lo siento, no nos quedan habitaciones libres.	Je suis désolé(e). nous n'avons plus de chambre.
Su equipaje se fue para Sydney, pero lo vamos a recuperar lo antes posible y llevárselo a su domicilio.	Votre valise est partie à Sydney, mais nous allons la récupérer au plus vite et vous la livrer à domicile.

L'arrivée

■ Vous êtes arrivés à Madrid, Séville, Santiago.

Ha llegado a Madrid, Sevilla, Santiago.

■ Il faut passer par la police des frontières et la douane.

Hay que pasar por la policía de inmigración y la aduana.

■ Je n'ai rien à déclarer. Je n'ai que des affaires personnelles et un cadeau pour la personne qui me reçoit.

No tengo nada que declarar. Sólo traigo efectos personales y un regalo para la persona que me recibe.

■ Nous venons en vacances pour deux semaines.

Venimos de vacaciones por dos semanas.

■ Je n'ai pas assez d'argent pour payer cette taxe.

No tengo bastante dinero para pagar esta tasa / este impuesto.

■ Où se trouve le bureau de change ?

¿Dónde está la oficina de cambio ?

■ Quelle réception !

¡Qué acogida !

■ Mes deux enfants sont sur mon passeport.

Mis dos hijos están inscritos en mi pasaporte.

■ Combien d'argent avez-vous sur vous ?

¿Cuánto dinero trae consigo ?

■ Où est le bureau de tourisme ?

¿Dónde está la oficina de turismo ?

■ J'ai réservé deux chambres à l'Hôtel de la Plage : une single et une double avec des lits jumeaux.

He reservado dos habitaciones en el Hotel de la Playa : una individual y otra con dos camas.

■ Mes bagages ne sont pas sur le tapis. Je ne peux pas le croire.
Mi equipaje no está en la cinta. No lo puedo creer.

■ Où est le bureau des réclamations ?
¿Dónde está la oficina de reclamaciones ?

■ Où peut-on prendre un taxi ?
¿Dónde se puede coger un taxi ?

■ Combien coûte une course jusqu'au centre ville ?
¿Cuánto cobra por una carrera hasta el centro de la ciudad ?

■ La chambre est très agréable.
La habitación es muy agradable.

■ Je souhaite mettre ceci au coffre de l'hôtel.
Quisiera dejar esto en la caja fuerte del hotel.

■ Savez-vous où je peux trouver une auberge moins chère ?
¿Sabe usted dónde puedo encontrar un hostal más barrato ?

■ Indiquez-moi un endroit proche pour manger, SVP.
Por favor, indíqueme un lugar cercano para comer.

Hôtel et hôtel

Selon leur qualité, les hôtels portent des noms différents.

Les plus beaux, pas toujours les plus chers sont les « **paradores** », monuments historiques réhabilités par l'État. Ensuite toutes sortes d'hôtels traditionnels et de qualités variées s'appellent tout simplement des « **hoteles** ».

« **El hostal** » est plutôt une auberge, un hôtel modeste, mais qui peut être très agréable, avec une ambiance familiale.

Il y a peu d'Auberge de Jeunesse (**Albergue**) mais tout le monde peut y avoir accès. En ville ou à l'extérieur, les chambres d'hôtes « **casa de huéspedes** » ont parfois un petit air délicieusement désuet.

Se loger

Comprendre

ascenseur	**ascensor, elevador** (am)
garage	**garaje**
toilettes	**servicios** (m)
fiche d'enregistrement	**ficha de información**
remplir	**rellenar**
couverture	**manta, frazada, colcha** (am)
drap, oreiller	**sábana** (f), **almohada** (f)
demi-pension	**media pensión**
pension complète	**pensión completa**
petit déjeuner	**desayuno**
réveiller	**despertar**
tôt / tard	**temprano / tarde**
faire la chambre	**limpiar la habitación**
cintre	**perchero**
heure limite de départ	**hora límite de salida**
note (facture)	**cuenta**
nuit supplémentaire	**noche suplementaria**
rester	**quedarse**

partir	**salir, irse**
revenir	**volver**
station de metro	**estación de metro**
car pour la plage	**autobus para la playa**
proche, le(la) plus proche	**cercano(a), la (la) más cercano(a)**
frapper (à une porte)	**llamar tocar** (am)
entrez	**adelante**
un moment	**un momento**
attendre	**esperar**
attendez	**espere**
demander (pour obtenir quelque chose)	**pedir**
demander (poser une question)	**preguntar**
des arrhes	**un depósito** (sing)
quitter	**dejar**
objets de valeur	**objetos de valor**
confirmer	**confirmar**
appeler (un taxi)	**pedir (un taxi)**
trajet	**trayecto**
parking	**aparcamiento, parqueo** (am)

salle à manger	comedor (m)
jardin	jardín
climatisation	aire acondicionado (m)
ventilateur	ventilador
radiateur	radiador
chauffage	calefacción (f)
lumière	luz
lampe	lámpara
eau chaude / froide	agua caliente / fría
calme	tranquilo(a)
bruyant(e)	ruidoso(a)
volet	persiana (f)

changer (déménager)	mudarse
propre	limpio(a)
bloqué(e)	bloqueado(a)
tiroir	cajón, gaveta (am)
fermer	cerrar
jour	día
nuit	noche
salle de télévision	sala de televisión
recommander	recomendar
prochaine fois	próxima vez
réception	recepción

Puede repetir por favor	
Debe rellenar esta ficha de información, por favor.	Vous devez remplir cette fiche d'enregistrement, SVP.
Los niños han hecho mucho ruido anoche.	Les enfants ont fait beaucoup de bruit hier soir.
Aquí tiene dos llaves. Gracias por dejarlas en recepción al salir (cuando salga).	Voici deux clefs. Merci de les laisser à la réception lorsque vous sortez.

Se loger

S'exprimer

- Il n'y a pas assez de serviette dans les chambres.
No hay bastantes toallas en las habitaciones.

- Où se trouve la salle à manger ?
¿Dónde se encuentra el comedor ?

- J'ai perdu la clef de la chambre
He perdido (perdí) la llave del cuarto.

- Où prend-on le petit déjeuner ?
¿Dónde se toma (se sirve) el desayuno ?

- Le petit déjeuner est-il compris dans le prix de la chambre ?
¿Está incluido el desayuno en el precio de la habitación ?

- Pouvez-nous nous réveillez à 8 heures ?
¿Puede despertarnos a las ocho, por favor ?

- Je prendrai le petit déjeuner dans ma chambre.
Desayunaré en mi habitación.

- Pouvez-vous me donner un oreiller supplémentaire ?
¿Puede darme una almohada suplementaria ?

- Le berceau du petit est trop petit.
La cuna del niño es demasiado pequeña.

- Cette chambre est bruyante.
Esta habitación es demasiado ruidosa.

- Je voudrais changer de chambre.
Quisiera cambiar de habitación (mudarme).

- Je veux prolonger mon séjour.
Quiero prolongar mi estancia.

- Je vais ranger mes objets de valeur dans votre coffre.
Voy a guardar mis objetos de valor en su caja fuerte.

■ Le tiroir dans la chambre des enfants est bloqué.
El cajón en la habitación de los niños está bloqueado.

■ Nous partirons demain.
Saldremos mañana.

■ Pouvez-vous confirmer nos billets auprès de la compagnie ?
¿Puede confirmar nuestros pasajes en la compañía, por favor?

■ Préparez la note pour demain matin de bonne heure.
Tenga lista la nota (cuenta) para mañana por la mañana temprano.

■ À quelle heure doit-on quitter les chambres ?
▪ A qué hora se deben dejar las habitaciones ?

■ Ma chambre n'a pas été faite hier.
No limpiaron la habitación ayer.

■ Merci de m'appeler un taxi pour 9 heures.
Gracias por llamar un taxi para las nueve.

■ Merci de votre hospitalité et pour le service.
Gracias por su hospitalidad y por el servicio.

■ Nous recommanderons votre hôtel à nos amis.
Recomendaremos su hotel a nuestros amigos.

Les transports

→ VOIR AUSSI : VOYAGER, À LA CAMPAGNE,

Comprendre

taxi	**taxi**
autobus	**autobús**
métro	**metro**
voiture	**coche** *(m)*, **carro** *(m)* *(am)*
louer	**alquilar**
voiture de location	**coche de alquiler**
libre	**libre**
arrêt	**parada** *(f)*
compteur	**taxímetro**
course (taxi)	**carrera**
zone	**zona**
ticket de bus, métro	**ticket de bus, metro**
abonnement	**abono**
mensuel, hebdomadaire	**mensual, semanal**
libre circulation	**libre circulación**
taxi collectif *(am)*	*(am)* **colectivo, pesero,**
plan	**plano**
correspondance	**transbordo, transferencia** *(am)*
porte avant	**puerta delantera**
monter dans un bus	**montarse en un bus**

poinçonner son ticket	**picar (pasar) su billete**
prix réduit	**precio reducido**
horaire	**horario**
prochain autobus	**próximo autobús**
dernier métro	**último metro**
ligne	**línea**
acheter	**comprar**
bicyclette	**bicicleta, bici**
frein	**freno**
roue	**rueda**
crever	**pinchar, poncharse** *(am)*
crevé(e)	**ponchado(a)**
mobylette	**motocicleta**
VTT	**bicicleta de montaña**
pneu, chambre à air	**neumático, cámara**
feux	**luces**
codes (lumières de voiture)	**luces cortas**
phares (lumières de voiture)	**luces largas**
chaîne, cadenas	**cadena, candado**

changer de vitesse (voiture)	**cambiar de velocidad**
changer de vitesse (bici)	**cambiar de marcha**
guidon	**manillar**
selle	**sillín** (m)
garde-boue	**guardabarro, guardafango** *(am)*
rétroviseur	**retrovisor**
clignotant	**intermitente**
casque	**casco**
majeur	**mayor de edad**
permis de conduire	**permiso, licencia** *(am)* **de conducción**

à l'avant	**adelante**
à l'arrière	**atrás**
ceintures de sécurité	**cinturones** (m) **de seguridad**
priorité	**prioridad**
chauffeur	**chófer**
passager(e)	**pasajero(a)**
stationnement	**aparcamiento**
embouteillage	**atasco**
file de droite (de gauche)	**fila de la derecha, izquierda**
feux tricolores	**semáforo**
croisement	**cruce de calle**

Puede repetir por favor	
Hay metro cada minuto en las horas de punta.	Il y a un métro toutes les minutes aux heures de pointe.
Le indicaré su parada.	Je vous indiquerai votre arrêt.
La estación Cibeles está cerrada.	La station Cibeles est fermée.
No olvide picar (pasar) su billete de metro.	N'oublier pas de composter votre ticket de métro.

Les transports

■ Ne prenons pas de taxi. Il y a des embouteillages partout dans la ville.
No tomemos taxi, hay atascos en toda la ciudad.

■ Ammenez-moi à la gare de Chamartín, SVP.
Lléveme a la estación de Chamartín, porfavor.

■ Combien coûte cette course ?
¿Cuánto cuesta esta carrera ?

■ C'est un taxi sans compteur, il faut arrêter le prix avant.
Es un coche sin taxímetro, hay que fijar el precio de la carrera antes.

■ Les taxis collectifs sont toujours bondés, mais ils sont très pratiques.
Los colectivos están siempre repletos, pero son muy prácticos.

■ Je préfère le bus. Au moins on voit quelque chose pendant le trajet.
Prefiero el autobús. Por lo menos se ve algo durante el trayecto.

■ Moi je roule en bicyclette (moto) chaque fois que cela est possible.
Yo circulo en bicicleta (moto) siempre que sea posible.

■ J'ai loué un vélo pour trois jours. Je me sens plus libre.
He alquilado una bici para tres días. Me siento más libre.

■ Zut ! Je viens de crever la roue avant.
¡Vaya suerte ! Acabo de pinchar la rueda delantera.

■ Ne frêne pas trop fort, tu vas glisser sur le sol mouillé.
No frenes demasiado fuerte, que vas a resbalar en el suelo mojado.

■ Il faut chercher la station sur un plan.
Hay que buscar la estación en un plano.

■ Il y a au moins deux changements pour arriver au musée.
Hay por lo menos dos cambios (transbordos) para llegar al museo.

■ Où est-ce que je peux prendre le métro, le bus, un taxi ?
¿Dónde puedo coger el metro, el autobús, un taxi ?

■ Je souhaite que vous m'emmeniez à l'adresse inscrite sur ce papier.
Deseo que me lleve a la dirección inscrita en este papel.

■ Où achète-t-on les billets et les abonnements hebdomadaires.
¿Dónde se compran los billetes y los abonos semanales ?

■ Quel est l'arrêt pour se rendre au Prado.
¿Cuál es la parada para ir al Prado ?

■ J'ai dépassé mon arrêt. Où puis-je prendre le bus en sens inverse.
He dejado pasar la parada. ¿Dónde puedo coger el autobús en dirección opuesta ?

Dans les grandes villes espagnoles, on achète les billets de transport en commun dans les kiosques à journaux (**kioscos de prensa**) qui vendent aussi des cigarettes, les banques et les stations de métro si la ville en possède un bien sûr.
Ce n'est pas toujours le cas dans les villes moyennes d'Amérique où l'on achète le billet à l'unité au chauffeur, quand il ne faut pas tout simplement déposer une pièce de monnaie (**menudo**) dans la fente d'une grande tirelire.

Bus contre train

Le train espagnol dont le développement avait pris beaucoup de retard est maintenant un moyen de communication très moderne. La RENFE n'a rien à envier à la SNCF : elle a aussi ses navettes (entre Madrid et Barcelone), son train à grande vitesse, (el AVE entre Madrid et Séville) et ses lignes internationales très confortables et rapides comme le **Talgo.**
Mais les Espagnols préfèrent encore, à l'intérieur du pays le réseau des cars. Et pour aller d'un point à un autre, même pour partir en vacances s'ils ne vont pas en voiture, leur premier réflexe sera de vous proposer une ligne de car. Inhabituel pour nous mais très efficace de l'autre côté des Pyrénées !

En voiture !

→ VOIR AUSSI : VOYAGER, TRANSPORT

Comprendre

voiture familiale	coche familiar
assurance tous risques	seguro a todo riesgo
carburant	carburante
gas oil	gasóleo
super, sans plomb, ordinaire	super, sin plomo, normal
voiture automatique	coche automático
embrayage	embrague, cloche (am)
à deux, cinq portes	de dos, cinco puertas
station service	gasolinera
litre	litro
gallon (am)	galón (am)
parcmètre	parquímetro
remorque	remolque
parking (en ville)	aparcamiento parqueo (am)
entrée	accceso
sortie	salida
sens unique	sentido único
stationnement interdit	aparcamiento prohibido
passage interdit	prohibido el paso

chaussée rétrécie	estrechamiento
bretelle d'accès	rampa de enlace
périphérique	circunvalación
autoroute	autopista
tronçon	tramo
en travaux	en obras
voie prioritaire	carril con preferencia, vía preferente
péage	peaje
attention, danger	cuidado, peligro
sortie de camions	salida de camiones
voie réservée aux autobus	carril reservado para autobuses
place réservée aux handicapés	aparcamiento reservado para los minus válidos
réviser	revisar
réviser (un examen)	repasar (un examen)
pression des pneus	presión de las ruedas
niveau d'eau, d'huile, du liquide de refroidissement	nivel del agua, del aceite, del líquido de refrigeración

faire le plein	**llenar el depósito**
pare-brise	**parabrisas**
moteur	**motor**
batterie	**batería**
volant	**volante, timón** (am)
feux arrières	**luces** (f) **traseras**
vitre	**ventana**
sécurité de porte	**seguridad de puerta**
pare-choc	**parachoques**
pot d'échappement	**tubo de escape**
pédale	**pedal** (m)
accélérateur	**acelerador**
démarrer	**arrancar**
démarreur	**motor de arranque**
boîte de vitesses	**caja de cambio**
frein	**freno**
amortisseur	**amortiguador**

levier	**palanca**
klaxon	**pito, bocina**
frein à mains	**freno de mano**
essuie-glaces	**escobillas** (f), **limpiaparabrisas** (f)
rétroviseur extérieur	**retrovisor lateral**
bidon d'huile	**lata de aceite**
bougie	**bujía**
carrosserie	**carrocería**
filtre (à huile)	**filtro (de aceite)**
outil	**herramienta**
plaque d'immatriculation	**placa, chapa** (am)
à plat	**desinflado (la llanta o la goma) descargada (la batería)**
recharger	**recargar**
déviation	**desvío** (m)

Puede repetir por favor

Tiene una rueda pinchada, tiene que utilizar la de socorro hasta el próximo taller.	Vous avez une roue crevée, il faut utiliser votre roue de secours jusqu'au prochain atelier de réparation.
Serez-vous seul(e) à conduire ou dois-je inscrire un conducteur supplémentaire ?	¿Usted solo(a) va conducir? ¿o tengo que inscribir un conductor adicional?

En voiture !

S'exprimer

■ J'ai retenu une voiture de catégorie A pour une semaine.
He reservado un coche de categoría A para dos semanas.

■ Avec quatre portes et des sécurités pour les enfants.
De cuatro puertas y con seguridad para los niños.

■ Je préfère les voitures automatiques.
Prefiero los coches automáticos.

■ Nous allons pouvoir nous promener en toute liberté avec les enfants.
Vamos a poder pasear en toda libertad con los niños.

■ Combien coûte ce modèle pour une semaine de location ?
¿Cuánto cuesta este modelo por una semana de alquiler?

■ D'accord, mais avec le kilométrage inclus.
De acuerdo, pero con el kilometraje incluido.

■ Heureusement, cette station-service n'est pas en self-service !
¡Por suerte esta gasolinera no es un autoservicio!

■ Faites-moi le plein, SVP.
Lléneme el depósito, por favor.

■ Quel est le prix au litre du sans plomb ?
¿Cuál es el precio del litro de la gasolia sin plomo?

■ Nous devons acheter une carte de stationnement pendant notre séjour à Madrid.
Tenemos que comprar una tarjeta de aparcamiento durante nuestra estancia en Madrid.

■ Attention cette rue est barrée à 100 mètres d'ici. Il y a une déviation.
¡Cuidado! Esta calle está cerrada a cien metros de aquí. Hay un desvío.

■ En suivant l'itinéraire du bus nous devrions y arriver.
Siguiendo la ruta del autobús, deberíamos (debiéramos) llegar.

■ Alors pourquoi louer une voiture si c'est pour suivre les bus !
Entonces ¿por qué alquilar un coche si es para seguir los autobuses ?

■ On nous a volé la voiture ou elle a été emmené à la fourrière.
Nos han robado el coche o la grúa se lo ha llevado.

■ Finalement, la voiture coûte trop cher pour les avantages qu'elle offre dans une grande ville. Sur la route c'est différent.
Finalmente, el coche sale demasiado caro por las ventajas que ofrece. En la carretera es diferente.

■ Puis-je rapporter la voiture dans n'importe quelle agence.
¿Es posible devolver el coche en cualquier agencia?

■ Je suis désolé, mais je la rends plus tôt que prévu. En ville c'est insupportable.
Lo siento, lo entrego antes de lo previsto. Pero en la ciudad es insoportable.

■ De plus elle dépense beaucoup d'essence.
Además gasta mucha gasolina.

■ Nous reviendrons avant de partir en province.
Volveremos antes de salir para el interior del país.

Incident ou accident ?

Comprendre

incident	**incidente**
accident	**accidente**
panne	**avería**
mécanicien	**mecánico**
atelier de réparation	**taller de reparaciones**
pièces de rechange	**piezas de cambio**
contact	**encendido**
capôt	**capó**
fermeture centrale	**cierre centralizado**
fusible	**fusible**
court-circuit	**cortocircuito**
roue de secours	**rueda de repuesto**
carburateur	**carburador**
filtre à air/à huile	**filtro de aire/ de aceite**
boîte de vitesses	**caja de cambio**
plaquettes de frein	**pastillas de freno**
mécanicien	**mecánico**
réparer	**arreglar**
arriver (avoir lieu)	**ocurrir**
proche	**cercano(a)**

bas-côté	**arcén**
virage	**curva** (f)
dangereux(se)	**peligroso(a)**
ornière	**bache**
dos d'âne	**badén**
travaux	**obras** (f)
gravier	**gravilla** (f)
s'arrêter	**pararse**
brutalement	**bruscamente**
percuter	**chocar con**
coup	**golpe**
siège arrière/avant	**asiento trasero/ delantero**
aider	**ayudar**
sortir (soi même)	**salir**
sortir (qqun)	**sacar (a alguien)**
blesser	**herir**
grave	**grave**
gravement	**gravemente**
police	**policía**
médecin	**médico(a)**
ambulance	**ambulancia**
blessure	**lesión**
(in)conscient(e)	**(in)consciente**
bouger	**mover(se)**

vitesse	**velocidad**
limité(e)	**limitado(a)**
panneau de signalisation	**señal** *(f)*
certificat (d'assurance)	**certificado (de seguro)**
déclarer	**declarar**
déclaration	**declaración**
témoin	**testigo(a)**
poste de police	**comisaría**
hôpital	**hospital**
contravention, amende	**multa**
jugement	**juicio**

carte grise	**papeles del coche**
détruit(e)	**destruido(a)**
hors service	**fuera de uso**
mériter (réparation)	**merecer (arreglo)**
adresse permanente	**dirección permanente**
avoir la priorité	**tener preferencia**
village (petit)	**pueblo (aldea)** *(f)*
se trouver	**encontrarse**
dépanneuse	**coche** *(m) grúa*
être coupable	**tener la culpa**

Puede repetir por favor	
¿Está seguro de que ha llenado con gasolina y no con gasóleo?	Êtes vous sûr d'avoir fait le plein en essence et non en gasoil.
Vaya al taller (garage) más cercano. Tiene un seguro que se encarga del costo del arreglo.	Allez au garage le plus proche. Vous avez une assurance qui se charge de la réparation.
¿Hay heridos?	Y a-t-il des blessés ?
¿Dónde se encuentra? ¿Cuál es el pueblo más cercana?	Où vous trouvez-vous ? Quel est le village le plus proche ?

Incident ou accident ?

S'exprimer

- La voiture que je vous ai louée hier est déjà en panne.
El coche que le alquilé ayer, ya está averiado.

- Les freins ne fonctionnent pas bien, et la porte du coffre ne ferme pas.
Los frenos no funcionan bien y la puerta del maletero no cierra.

- Ce n'est pas prudent. Envoyez-moi une dépanneuse.
No es prudente. Mándeme una grúa.

- Où est le garage le plus proche ?
¿Dónde está el taller más cercano?

- Ma voiture ne veut pas démarrer.
El coche no arranca.

- Les phares fonctionnent. Ce n'est pas la batterie.
Las luces funcionan. No es la batería.

- Pouvez-vous vous occuper de ce problème ?
¿Puede ocuparse de este problema?

- Combien de temps peut durer la réparation?
¿Cuánto tiempo puede tardar demorar *(am.)* el arreglo?

- J'avais la priorité et il ne s'est pas arrêté, il m'est rentré dedans.
Tenía la prioridad (preferencia) y no se ha parado, chocó conmigo.

- Heureusement, je n'allais pas vite.
Menos mal que no iba de prisa (rápido).

- Nous avons eu un accident. Il y a des blessés.
Hemos tenido un accidente. Hay heridos.

- Il faut appeler une ambulance. Je ne peux pas bouger ma jambe.
Hay que llamar una ambulancia. No puedo mover la pierna.

- Il faut que j'appelle ma compagnie d'assurance.
Tengo que llamar al seguro.

■ Ce n'est pas grave, je vais aller faire une déclaration à la police.
No es grave, voy a declarar a la policía.

■ Il y a des témoins qui ont tout vu.
Hay testigos que lo han visto todo.

■ Il y avait un panneau. Vous ne l'avez pas vu ?
Había una señal. ¿No la ha visto?

■ Je ne vais pas payer d'amende, ce n'est pas de ma faute.
No voy a pagar una multa, no tengo la culpa.

■ Nous allons faire un constat
Vamos a levantar un acta.

Signalisation

Nous avons l'habitude en Europe de rouler sur des routes avec beaucoup de signalisation. Ce n'est pas le cas partout en Amérique latine. Les panneaux (**señales**) brillent souvent par leur absence, de même que les marquages de la chaussée (**marcas**). Les feux rouges (**semáforos**) sont souvent, comme aux États-Unis, au milieu du croisement (**cruce de calles**) : il est donc important de s'arrêter avant de l'avoir sous le nez !

Nombres et dates

Comprendre

1	uno	17	diecisiete	80	ochenta
2	dos	18	dieciocho	90	noventa
3	tres	19	diecinueve	100	cien
4	cuatro	20	veinte	101	ciento uno
5	cinco	21	veintiuno	102	ciento dos
6	seis	22	veintidós	111	ciento once
7	siete	23	veintitrés	125	ciento veinticinco
8	ocho	30	treinta	200	doscientos
9	nueve	31	treinta y uno	300	trecientos
10	diez	32	treinta y dos	500	quinientos
11	onze	39	treinta y nueve	1000	mil
12	doce	40	cuarenta	1001	mil uno
13	trece	41	cuarenta y uno	1500	mil quinientos
14	catorce	50	cincuenta	2000	dos mil
15	quince	60	sesenta	10 000	diez mil
16	dieciséis	70	setenta		

45 797	cuarenta y cinco mil setecientos noventa y siete
100 000	cien mil
1 000 000	un millión
premier (e)	primero(a)
deuxième, second(e)	segundo(a)

troisième	tercero(a)
quatrième	cuarto(a)
cinquième	quinto(a)
sixième	sexto(a)
septième	séptimo(a)
huitième	octavo(a)
neuvième	noveno(a)

42

dixième	**décimo(a)**
moitié	**mitad**
demi	**medio(a)**
3 et demi	**tres y medio**
1/3	**un tercio**
1/4	**un cuarto**
3/4 (les 3/4 de qqchose)	**los tres cuartos (las tres cuartas partes de algo)**
0	**cero**
virgule, point	**coma, punto**
les deux	**ambos(as)**
une paire	**un par** *(m)*
une dizaine	**una decena**
une 1/2 douzaine	**media docena**
les années 50	**los años cincuenta** *(m)*
lundi	**lunes**
mardi	**martes**
mercredi	**miércoles**
jeudi	**jueves**
vendredi	**viernes**
samedi	**sábado**
dimanche	**domingo**
janvier	**enero**
février	**febrero**
mars	**marzo**

avril	**abril**
mai	**mayo**
juin	**junio**
juillet	**julio**
août	**agosto**
septembre	**se(p)tiembre**
octobre	**octubre**
novembre	**noviembre**
décembre	**diciembre**
hiver	**invierno**
printemps	**primavera**
été	**verano**
automne	**otoño**
saison sèche	**estación seca**
saison des pluies	**estación de las aguas (de las lluvias)**
nouvelle année	**año nuevo**
jour des Rois	**día de Reyes**
Pâques	**Pascuas de Resurrección**
Semaine sainte	**Semana santa**
14 octobre	**día de la Hispanidad**
Noël	**Navidad**
aujourd'hui	**hoy**
demain	**mañana**

Nombres et dates

S'exprimer

■ Si je ne me trompe pas en additionnant 25 et 32 on obtient 57.

Si no me equivoco, sumando 25 con 32 nos da 57.

■ 25-10 = 15

Veinticinco menos diez son quince.

■ Il nous faut 100 g par personne et nous sommes 4. Donc 100 x 4 = 400 g.

Necesitamos cien gramos por persona, y somos cuatro. Así que cien por cuatro son cuatrocientos gramos.

■ La note est de 150 euros. Le tiers pour chacun, 150 par 3 = 50 euros par personne.

La cuenta es de ciento cincuenta euros. La tercera parte para cada uno, 150 entre 3, son cincuenta euros por persona.

■ Nous sommes le 19 juin. Demain c'est mon anniversaire. j'aurai trois fois vingt ans.

Estamos a diecinueve de junio. Mañana es mi cumpleaños. Tendré tres veces veinte años.

■ Quelle heure est-il ? Il est 17 h 15

¿Qué hora es? Son las cinco y cuarto de la tarde.

■ Il est 1 h 30 et elle n'est pas rentrée.

Es la una y media de la mañana, y todavía no ha llegado.

■ 8h 20 ; 11 h55 ; 15h 15.

Las ocho y veinte ; las doce menos cinco ; las tres y cuarto de la tarde.

■ Le film est à 21 h moins le quart.

La película empieza a las nueve menos cuarto de la noche.

■ Nous arriverons le 3 août tard dans la soirée.

Llegaremos el tres de agosto, tarde por la noche.

■ Aujourd'hui elle s'est levée de bonne heure.
Hoy se ha levantado temprano.
■ À l'aube le spectacle est magnifique.
Al amanecer, el espectáculo es magnifico.
■ Viens plutôt dans l'après midi que dans la soirée.
Ven mejor por la tarde que por la noche.
■ Il arrive dans cinq minutes et restera jusqu'à 19 h 30 au moins.
LLega dentro de cinco minutos y se quedará por lo menos hasta las siete y media de la tarde(noche).

Ne pas confondre !

Les minutes en espagnol sont masculines. S'il vous reste 5 minutes (*Me quedan cinco minut**os***) vous devrez bientôt partir. Mais si vous dites : *Me quedan cinco minut**as***, ce sera en Espagne, pour parler des cinq honaires qui vous restent ou, en Amérique pour proposer à qui les veut, les cinq queues frites de poisson non distribuées !

Écrire, téléphoner ...

Comprendre

la Poste	**Correos** *(m, pl)*
envoyer	**enviar**
recevoir	**recibir**
facteur(trice)	**cartero(a)**
boîte à lettres	**buzón**
timbre	**sello**
enveloppe	**sobre**
paquet	**paquete**
courrier	**correo**
fax	**fax**
courriel	**correo electrónico, mail**
adresse	**dirección**
destinataire	**destinatario**
expéditeur	**remitente**
ville	**ciudad**
code postal	**código postal**
national	**nacional**
international	**internacional**
affranchir	**franquear**
affranchissement	**franqueo**
lettre	**carta**
carte postale	**postal**
recommandé(e)	**certificado(a)**
urgent	**urgente**

poids	**peso**
par avion	**por vía aérea**
contenu	**contenido**
déclaration pour la douane	**declaración de aduana**
fragile	**frágil**
télégramme	**telegrama**
indemnisation	**indemnización**
réponse	**respuesta**
payé(e)	**pagado(a)**
port	**porte**
correspondant	**corresponsal**
distribuer (le courrier)	**repartir (el correo)**
remettre, la remise	**entregar, la entrega**
accusé de réception	**acuse de recibo**
bureau de poste	**oficina de correos**
téléphone	**teléfono**
conversation téléphonique	**conferencia telefónica**
appel à l'étranger	**llamada (f) internacional**
indicatif du pays	**código del país**

cabine téléphonique	**cabina de teléfono**	prendre un appel	**contestar/ ponerse al teléfono**
téléphoniste	**telefonista**		
parler	**hablar**	préfixe	**prefijo**
annuaire téléphonique	**guía telefónica**	abonné(e)	**abonado(a)**
		réclamation	**reclamación**
téléphoner	**telefonear**	PCV	**cobro revertido**
appeler au téléphone	**llamar por teléfono**	carte de téléphone	**tarjeta de teléfono**
allo !	**¡diga!, ¡dígame!, ¡bueno!** *(mex)*	prépayé(e)	**prepagado(a)**
(téléphone) portable	**(teléfono)móvil, celular** *(am)*	communication interrompue (coupée)	**comunicación interrumpida (cortada)**
passer un coup de fil	**dar un telefonazo**	se tromper	**equivocarse**
tonalité	**tono** *(m)*	absent(e)	**ausente**
faire un numéro	**marcar un número**	répondeur téléphonique	**respondedor, contestadora** *(f)*

Puede repetir por favor	
Buenos días, Casa Roque. ¿Qué desea?	Bonjour, Maison Roque . Que désirez-vous ?
¿Con quién quiere hablar?	À qui voulez vous parler?
Un momento, creo que no está.	Un moment, je crois qu'il n'est pas ici.
¿Puede llamar dentro de una hora? Ya habrá regresado (vuelto). Gracias.	Pouvez-vous rappeler dans une heure? Il sera rentré. Merci.

S'exprimer

■ À quelle heure ferme la Poste?

¿A qué hora cierra la oficina de Correos?

■ Je désire envoyer cette lettre en Australie.

Quisiera mandar esta carta a Australia.

■ Ce n'est pas nécessaire de l'envoyer en « recommandé ». Mais combien de jours va-t-elle mettre pour arriver à son destinataire?

No es necesario mandarla certificada. Pero ¿cuántos días tarda (se demora) para llegar a su destinatario?

■ Pour l'Europe, l'affranchissement est le même que pour l'Espagne.

Para Europa, el franqueo es el mismo que para España.

■ Pour envoyer un télégramme à quel guichet dois-je aller?

Para mandar un telegrama, ¿en qué ventanilla tengo que presentarme?

■ Ce paquet est fragile et urgent. Indiquez-moi, svp, le meilleur moyen de l'envoyer sans risque.

Este paquete es frágil y urgente. Indíqueme, por favor la mejor forma para mandarlo sin riesgo.

■ Le distributeur de timbres ne fonctionne pas. Donnez-moi 10 timbre à 50 cts, svp.

La máquina expendedora de sellos no funciona. Deme diez sellos de 50 céntimos, por favor.

■ Avez-vous des cartes prépayées pour appeler en France?

¿Tiene tarjetas de teléfono para llamar a Francia?

■ 50 unités c'est trop. Donnez-moi celle de 30, ça sera suffisant.

De cincuenta unidades es demasiado. Deme la de treinta, será suficiente.

■ Où peut-on envoyer des courriels? Quel est le prix à l'heure?

¿Desde dónde se puede mandar correos eléctronicos? ¿Cuánto cuesta a la hora?

■ Quel est ton numéro de téléphone, ton adresse, et celle de ton courriel ?

¿Cuál es tu número de teléfono, tu dirección, y la de tu correo eléctronico (buzón)?

■ Je n'entends rien. Parlez plus fort. La communication est très mauvaise aujourd'hui. Je rappellerai demain s'il y a des lignes.

No oigo nada. Hable más alto. La comunicación está muy mal hoy. Volveré a llamar mañana, si hay línea.

■ J'ai laissé des milliers de messages sur son répondeur, mais elle ne m'a jamais rappelé.

He dejado miles de mensajes en su contestador, pero nunca me ha devuelto la llamada (ha vuelto a llamar).

■ J'ai oublié le chargeur de mon portable . En avez-vous pour ce modèle ?

He olvidado el cargador de mi móvil. ¿Tiene uno para este modelo?

■ Viens avec moi, je vais au cybercafé. Peut-être avons-nous du courrier des enfants.

Ven conmigo, voy al cibercafé. Quizás tengamos correo de los chicos.

Un beau début !

Pour commencer une lettre administrative, commerciale ou professionnelle, il existe plusieurs formules.

Muy Señor mío :   **Estimada Señora, Estimado Señor :**

Vous remarquerez que la formule est ici suivie de deux points (:), et non d'une virgule.

Pour conclure vous pouvez écrire :

Sin más quedo de Usted,   **Atentamente suyo.**
Atentamente.   XXX
XXX

Des outils pour communiquer

Le nom
Pour tout ce qui concerne le genre et le nombre du nom, voir les « Notes sur la langue » page 9.

L'adjectif

Le genre et le nombre
Même règles que pour le nom (voir page 9), sauf si l'adjectif se termine par une consonne ou une voyelle autre que le –a. La forme est alors commune au masculin et au féminin.

Una situación **ideal**	→	**Un** tiempo **ideal**
La vida es **breve**	→	**Un** artículo **breve**

L'apocope
Certains adjectifs (qualificatifs, numéraux, voir page 42, ou indéfinis), perdent une lettre ou une syllabe devant certains mots.

■ Devant un nom masculin singulier,
bueno, malo, uno, alguno, primero, tercero, santo
buen, mal, un, algún primer, tercer, san
Un tiempo malo → un **mal** tiempo, mais → Una mala idea *(fém.)*

■ Devant un nom masculin ou féminin singulier,
grande → gran   Una **gran** cantante. Un **gran** ruido
cualquiera → cualquier   Una cosa cualquiera ; **Cualquier** cosa.

Le comparatif
■ Le comparatif d'égalité

Este hotel es **tan** agradable **como** el de la playa.
Cet hotel est **aussi** agréable **que** celui de la plage.

■ Les comparatifs de supériorité et d'infériorité

Este hotel es más agradable que el de la playa.
Cet hotel est **plus** agréable **que** celui de la plage.

Este hotel es menos agradable que el de la playa.
Cet hotel est **moins** agréable **que** celui de la plage.

■ Il existe quatre comparatifs irréguliers :

      bueno → mejor (meilleur)   **malo → peor** (pire)
      grande → mayor (plus grand)   **pequeño → menor** (plus petit)

Le superlatif

■ Le/la/les/ plus + adjectif ; le/la/les/ moins + adjectif

Es el más alto de los hermanos. → C'est **le plus grand** des frères.

Son las menos frescas de todas. → Ce sont **les moins fraîches** de toutes.

■ Très + adjectif

Es muy alto. / Es altísimo. → Il est **très grand**.

■ Remarques

• Attention on ne répète pas l'article dans ce type de phrases :

C'est **le frère le plus grand** des trois. → **Es el hermano más alto** de los tres.

• Si le superlatif est suivi d'une subordonnée, son verbe est à l'indicatif (au subjonctif en français).

C'est **le plus grand que je connaisse.** → **Es el más grande que conozco.**

L'article

L'article défini

■ L'article défini **el/la/los/las** ; **del (de + el)**, **al (a + el)** s'accorde en genre et en nombre avec le nom qu'il précède.

■ L'article neutre **lo**, est toujours suivi d'un adjectif au masculin singulier et signifie « Ce qui est …, ce qu'il y a de … ».

Lo positivo de esta historia … → **Ce qui est (ce qu'il y a de) positif dans cette histoire…**

■ **La** → **el** devant les noms féminins commençant par « a » ou « ha » accentués : **el alma, el hambre**

L'article indéfini

■ **Un, una** traduit le français « un, une ».

■ L'article indéfini pluriel « des » **ne se traduit pas.**
Compra una flor → **Elle achète une fleur.**
Compra flores → **Elle achète des fleurs.**

■ **Unos, unas** se traduit le plus souvent par « quelques ».
Compra unas flores → **Il achète quelques fleurs.**

■ Les partitifs « du », « de » **ne se traduisent pas.**
Donne moi du pain / de l'eau. → **Dame pan / agua.**

■ **Un** est omis devant : *cierto, doble, igual, medio, otro, tal.*
Donnez-moi un autre café. → **Deme otro café.**

Partie II

Tourisme et loisirs

Vous avez fait vos premiers pas dans le monde hispanique. Vous possédez maintenant les bases pour des échanges encore élémentaires certes, mais sur des sujets importants et même indispensables.

Si nous pensions enfin à des choses plus divertissantes ?

Sortir en ville, faire des courses, aller au cinéma, au théâtre, au musée, et même partir pour un week-end ou pour une promenade avec les enfants.

Vous allez avoir dans ces multiples activités de nombreuses occasions de communiquer avec les autres et donc d'améliorer encore votre niveau de langue.

Alors, n'attendons pas plus longtemps.

Achats en ville

Comprendre

magasin, boutique	tienda
grands magasins	(grandes) almacenes
étage	planta
rayon (d'un magasin)	sección
rayon habillement	sección de ropa
rayon enfants, homme	sección de niños, de caballeros
vendeur, vendeuse	dependiente(a)
escalier roulant	escalera mecánica
promotion	oferta (especial)
rez-de-chaussée	planta baja
sous-sol	subsuelo
essayer	probarse
cabine d'essayage	probador
galerie commerciale	galería comercial
boutique de…	tienda de
…vêtements	…ropa
…chaussures	… calzado (m), peletería (Am)
… jouets	…juguetes
… sport	… deportes
… cadeaux	… regalos
librairie	librería

marchand de chaussures	zapatería
magasin de jouets	juguetería
maroquinerie	artículos de piel
bijouterie	joyería
vente	venta
achat	compra
réduction	rebaja
(une bonne) affaire	chollo (m), ganga
bien/mal achalandé	bien/mal surtido
chapeau	sombrero
foulard	pañuelo
écharpe	bufanda
châle	chal, estola
blouse, corsage	blusa
chemise	camisa
pull	jersey, pulover (Am)
veste	chaqueta, saco (argot) chompa (am)
veston, blouson	americana, cazadora
jupe	falda, saya (Am)
jupon	enagua, sayuela
robe	vestido (m)
ceinture	cinturón (m)

pantalon	**pantalones** (pl)
bermuda	**bermudas**
bas	**medias**
chaussettes	**calcetines, medias** (Am)
chaussures	**zapatos** (m)
…à talons	**…de tacones**
…plates	**… bajos**
…en cuir	**… de piel**
…synthétiques	**… sintéticos**
bottes	**botas**
pardessus	**abrigo, gabán**
col	**cuello**
manche	**manga**
longue	**largo(a)**
court(e)	**corto(a)**
large	**ancho(a)**
étroit(e)	**estrecho(a)**
grand(e)	**alto(a), grande** (taille)

petit(e)	**bajo(a), pequeno(a)** (taille)
allonger	**alargar**
raccourcir	**acortar**
coudre	**coser**
soie	**seda**
coton	**algodón**
laine	**lana**
mixte	**mezclado**
ourlet	**dobladillo**
slip	**calzoncillo**
culotte	**bragas** (pl)
soutien-gorge	**sostén**
chemise de corps	**camiseta, camisetilla**
tissu	**tejido**
maille	**punto** (m)
éponge	**felpa**
velours	**terciopelo**
vitrine	**escaparate** (m)

Particularités vestimentaires

En Amérique le vocabulaire est fréquemment très différent de celui utilisé en Espagne. Mais les mots fournis ci-dessus sont compréhensibles par tous. Et vous apprendrez vite pendant votre séjour au Mexique par exemple les sandales locales (*sandalias*) sont en fait des **guarachas**, que vous allez à la plage en **trusa** et non en *traje de baño*, pour finir bien sûr **en una hamaca**.

Achats en ville

S'exprimer

■ Je sors faire des courses.
Salgo de compras.

■ Je vais faire les boutiques de vêtements et voir si je trouve un jouet pour la petite.
Salgo de tiendas; a ver si encuentro un juguete para la niña.

■ J'ai besoin d'un pantalon pour cet été et aussi de caleçons.
Necesito pantalones para este verano, y también unos calzoncillos.

■ Je préfère que tu choisisses toi-même, sinon ce que je t'achète ne te plais jamais.
Prefiero que elijas por ti mismo, si no lo que te compro no te gusta nunca.

■ Mais c'est toujours trop grand ou trop petit, ou d'une couleur qui n'est plus à la mode.
Pero siempre es demasiado grande o pequeño, o de un color que ya no está de moda.

■ Cette chemise en soie me plait. Pouvez-vous me la montrer en taille 40, svp.
Esta camisa de seda me gusta. ¿Puede enseñármela en talla 40 por favor?

■ Le col me serre trop. Avez-vous plus grand, moins cher, en bleu?
El cuello me aprieta demasiado. ¿Tiene una talla más grande, algo más barato, en azul ?

■ Pouvez-vous me montrer ce modèle de robe, mais de meilleure qualité?
¿Puede enseñarme este modelo de vestido, pero de mejor calidad?

■ Un pantalon imprimé et avec ces couleurs criardes. Vraiment tu n'as pas peur !
Pantalones estampados y además con colores chillones. ¡De verdad que no tienes miedo!

■ La mode revient aux jupes plissées, rayées, courtes. C'est vraiment bizarre.
Vuelve la moda de las faldas plisadas, con rayas, cortas. ¡Qué raro!

■ Peut-on raccourcir cette robe ? Un petit ourlet suffira.
¿Puede acortar este vestido? Un pequeño dobladillo bastará.

■ Ce sac est en cuir bien sûr.

Esta cartera es de piel, por supuesto.

■ Sur les marchés il faut toujours marchander, sinon tu achètes trop cher.

En un mercado siempre hay que regatear, si no compras demasiado caro.

■ Ces tissus sont magnifiques. Ils sont tissés main.

Estos tejidos son magníficos. Están tejidos a mano.

■ N'allez pas dans un centre commercial, mais plutôt dans le quartier de Cayo Hueso. Vous y trouverez des artisans et des produits de qualité.

No vaya a un centro comercial, sino más bien por el barrio (reparto), de Cayo Hueso. Allí encontrará artesanos y productos de calidad.

■ Pouvez-vous me le commander?

¿Puede encargármelo? (¿Me lo puede pedir?)

■ Je n'ai pas assez pour vous payer en liquide.

No tengo bastante dinero para pagarle en efectivo.

■ Je vais faire de la monnaie. Je reviens tout de suite. Garder-moi cette paire dans cette pointure quelques instants.

Voy a sacar dinero. Vuelvo enseguida. Por favor, guárdeme este par en este número un momento.

Cher ou pas, ou moins, ou plus ?

Cher(e) ce dit **caro(a)** en espagnol. Son contraire s'exprime toujours par un mot qui correspondrait à notre *bon marché,* **barato(a)**. Donc « moins cher » sera toujours « meilleur marché » !

C'est trop cher, je veux quelque chose de moins cher.

Es demasiado caro, quiero algo más barato.

Sortir la nuit

Comprendre

dîner	cena (f), comida (am)	documentaire	documental
souper	cena (am)	fiction	ficción
cinéma	cine	auteur	autor
théâtre	teatro	compositeur	compositor
danser	bailar	metteur en scène, réalisateur (trice)	director(a)
boîte de nuit	discoteca		
concert	concierto	donner (une pièce)	poner (una obra de teatro)
opéra	ópera		
danse (classique)	ballet	soliste	solista
bar	bar	doublé, sous-titré, vo	doblado, subtitulado, versión original
casino	casino		
cabaret	cabaret		
spectacle	espectáculo	sous-titre	subtítulo
réserver	reservar	scène	escenario (m)
consommation minimum	consumo mínimo	programme	programa
		rideau (de scène)	telón
séance (cinéma)	función de cine	décors	decorado (sing)
dialogue	diálogo	costumes	vestuario (sing)
scénario	escenario	acte	acto
acteur	actor	répéter (une pièce)	ensayar (una obra)
rôle	papel		
comédie	comedia	répétition	ensayo (m)
tragédie	tragedia	mise en scène	escenografía
projeter (un film)	dar (una película) (f)	jeu d'acteur	actuación (f)
		distribution	reparto

troupe	**compañía**
critique (journaliste)	**crítico**
critique (article)	**crítica**
rangée	**fila**
orchestre	**platea**
balcon	**balcón**
loge (de l'artiste)	**camerino** (m)
loge (spectateur)	**palco** (m)
coulisses	**bastidores** (m)
tournée	**gira**
court métrage	**corto**
groupe	**grupo**

auteur-compositeur	**cantautor**
artiste	**artista**
guitare	**guitarra**
violon	**violín**
contrebasse	**contrabajo**
rythme	**ritmo**
voix	**voz**
succès	**éxito**
enregistrement	**grabación**
applaudir	**aplaudir**
applaudissements	**aplausos**
public	**público**

Sortir la nuit

S'exprimer

■ Où allons-nous ce soir ?

Adónde salimos esta noche?

■ Voici le programme des spectacles.

Aquí tienes el programa de los espectáculos.

■ Et si nous allions plutôt en boîte. J'ai très envie de danser.

Y si fuéramos más bien a una discoteca. Tengo muchas ganas de bailar.

■ Oui, d'ailleurs, je ne trouve pas de film sous-titré en français et je crains de ne rien comprendre.

Sí, además no encuentro películas con subtítulos en francés y temo no entender nada.

■ D'accord, mais il faut réserver une soirée au théâtre.

Vale, pero hay que reservar una noche para ir al teatro.

■ On m'a dit que la pièce qu'on joue au Théâtre Royal est excellente.

Me han comentado que la obra que dan en el Teatro Real es estupenda.

■ Les critiques sont très bonnes. Le metteur en scène n'est pas connu, les acteurs non plus : c'est une troupe nouvelle.

Las críticas son muy buenas. El director no es conocido, los actores tampoco : es una compañía nueva.

■ C'est un film argentin qui a gagné le soleil d'or de Biarritz cette année. Le jeu de cette jeune actrice est superbe.

Es una película argentina que ganó el Sol de oro de Biarritz este año. La actuación de esta joven actriz es estupenda.

■ Le festival de Santander a lieu tous les ans et les « Goya » récompensent des artistes qui, ensuite, font de belles carrières.

El festival de Santander tiene lugar todo los años, y los « Goyas » recompensan a artistas que, luego, hacen buenas carreras.

60

■ Nous les jeunes, nous allons voir ce chanteur compositeur qui remplit les salles de concert.

Los jóvenes vamos a ir a ver este cantautor que llena las salas de concierto.

■ Je vais acheter des billets pour demain.

Voy a comprar entradas para mañana.

■ L'orchestre est complet, mais je peux vous proposer une loge. Vous serez tous ensemble, et la visibilité est très bonne.

Los asientos de platea están agotados, pero puedo proponerle un palco. Estarán todos juntos y la visibilidad es muy buena.

■ À l'opéra, il faut parfois une tenue de soirée, mais ici vraiment tu fais ce que tu veux. Je ne te vois vraiment pas en costume cravate !

A la ópera a veces hay que ir de etiqueta, pero aquí haces lo que te da la gana. ¡No te imagino con (de) traje y corbata!

Au restaurant

→ Voir : Courses, Entre amis

Comprendre

restaurant	restaurante
bar à tapas	tasca
taverne	taberna
petit-déjeuner	desayuno
déjeuner	el almuerzo
dîner	la cena (Esp.), la comida (Am.)
réserver une table	reservar una mesa
pour 3 personnes, à 22 heures	para tres, a las diez
recommander	recomendar
traditionnel	tradicional
bon marché	barato
grill, brasserie	churrasquería
en terrasse	en la terraza, afuera
une table libre	una mesa libre
complet	completo
(non) fumeur	(no) fumador
serveur (euse)	camarero (a)
menu, carte	menú, carta
spécialité (de la maison, régionale)	especialidad (de la casa, regional)
Que contient ce plat ?	¿Qué lleva este plato?

boisson	bebida
vin	vino
rafraîchissement	refresco
(de l') eau	agua
bouteille	botella
une carafe	garrafa, jarra, jarro (m. Am.)
l'entrée	de primero, entrante (m.)
plat principal	de segundo, plato principal
accompagnement	guarnición
dessert	postre
boire	beber, tomar (Am.) (de l'alcool)
nourriture	comida
assiette	plato (m.)
fourchette	tenedor (m.)
couteau	cuchillo
serviette	servilleta
tasse, verre	taza, vaso
jus de fruit	zumo, jugo (Am.) de fruta
café, thé, chocolat, lait	café, té, chocolate, leche (f.)

pain, beurre	**pan, mantequilla**	saignant	**medio crudo**
confiture	**confitura** (Am.), **mermelada**	bien cuit	**bien hecho**
huile d'olive	**aceite de olivo** (m.)	crevette(s)	**gambas, camarón, camarones** (Am.)
olive	**aceituna**	soupe	**sopa**
à l'ail	**al ajillo**	porc, veau, bœuf	**carne de cerdo, ternera, res**
riz	**arroz**	côte, filet	**chuleta, filete**
safran	**azafrán**	fromage	**queso**
beefsteack	**filete, bistec** (Am.)	glace (dessert)	**helado** (m.)

Au restaurant

S'exprimer

- Je souhaite réserver une table pour 3 adultes et un enfant.

Quiero (quisiera) reservar una mesa para tres adultos y un niño.

- Merci. Nous viendrons vers 22 heures.

Gracias. Llegaremos sobre (como a) las diez.

- Nous avons réservé pour ......

Tenemos una reserva para......

- Nous voulons commander.

Queremos pedir ya.

- Je prendrai ..., madame (et lui) prendra ...

Tomaré, y la señora (y él) tomará.

- Ce plat est-il servi avec des légumes, du riz, des frites ?

Esta comida viene con ¿verduras, arroz, patatas (papas Am.) fritas?

- Un peu plus de sauce, svp.

Un poco más de salsa, por favor.

- Pouvez-vous m'apporter du poivre, de l'eau, un couteau pour le petit ?

¿Puede traerme pimienta, agua, un cuchillo para el niño?

- Y a t'il un menu pour enfants ?

¿Hay algún menú para niños?

- Je préfère la viande grillée.

Prefiero la carne a la parrilla.

- Merci. C'est suffisant, trop.

Gracias . Me basta; es demasiado, me sobra.

- La viande est crue, trop cuite !

¡La carne está cruda, demasiado hecha!

- Le poisson n'est pas frais/propre !

¡El pescado no está fresco/limpio!

■ Pour lui, juste une salade verte, au thon, de saison.

Para él, sólo una ensalada de lechuga, de atún, de temporada (del tiempo)

■ Un peu de glace pour l'eau s'il vous plaît.

Un poco de hielo para el agua, por favor.

■ L'addition SVP.

La cuenta, por favor.

■ Nous voulons payer ensemble, séparément.

Queremos pagar todo junto, por separado.

■ Vous acceptez les cartes de crédit ?

¿Aceptan las tarjetas de crédito?

■ Le service est-il compris ?

¿Está incluido el servicio?

■ Puis-je avoir un reçu avec TVA, svp ?

¿Podría darme un recibo (una factura) con el IVA, por favor?

■ Merci, c'était très bien, bon, magnifique.

Gracias. Fue muy agradable, bueno, estupendo.

Quand mangez-vous ?

Les horaires des repas en Espagne sont très différents des nôtres. Le petit déjeuner peut être matinal, (7 heures), mais le déjeuner se sert à partir de 14 heures et parfois jusqu'à 16 heures. Quant au dîner familial il a lieu vers 21 voire 22 heures. Il est parfois précédé dès la sortie du bureau par une tournée dans les bars à tapas.

Ces différences sont moins marquées en Amérique où plusieurs horaires coexistent pour les repas, auxquels il ne faut pas oublier d'ajouter les indispensables et nombreuses pauses café, et parfois même des « goûters », **meriendas**, vers 11 et 15 heures.

À la campagne

→ VOIR AUSSI : MER ET MONTAGNE

Comprendre

maison de campagne	casa de campo
champ	campo
forêt, bois	bosque
rivière	río
rustique	rústico
bois (de chauffe)	leña
cheminée	chimenea
paysan(ne)	campesino(a)
ferme	granja, finca (Am.)
fleur	flor
arbre	árbol
plante	planta
campagne	campo (m)
bois (matériau)	madera
animal	animal
vache	vaca
bœuf	buey
taureau	toro
mouton	oveja (f) carnero
viande de bœuf	carne de vaca
cheval	caballo
tracteur	tractor
village	pueblo, aldea (f)
source	manantial (m)

poulailler	gallinero
poule, coq	gallina, gallo
canard, cane	pato, pata
dindon(ne)	pavo(a)
cochon, truie	puerco (a), chancho (a) (Am.)
potager	huerto
jardin	jardín
sauvage	silvestre
sauvage (bête)	salvaje (animal)
ramasser, cueillir	recoger
champignon	seta (f), champiñón
feuille (morte, sèche)	hoja (muerta, seca)
herbe	hierba
pré	prado
pâturage	pasto
foin	heno
paille	paja
épouvantail	espantapájaros
promenade	paseo (m)
oiseau	pájaro
papillon	mariposa (f)
chasser, chasse	cazar, caza

aller à une partie de chasse	**ir de cacería**
gibier (gros, petit, à poil, à plume, d'eau)	**caza (mayor, menor, de pelo, de pluma, de agua)**
sanglier	**jabalí**
cerf	**ciervo**
chevreuil	**corzo**
lapin de garenne	**gazapo de monte**
lièvre	**liebre** (f)
perdrix	**perdriz**
bécasse	**becada**
palombe	**paloma torcaz**
ouverture	**apertura**

période de fermeture	**período de veda**
battue	**ojeo** (m)
fusil	**escopeta** (f)
pêcher	**pescar**
pêche	**pesca**
canne à pêche	**caña de pescar**
poisson (vivant)	**pes (peces,** pl.)
poisson (mort)	**pescado**
saumon	**salmón**
truite	**trucha**
brochet	**lucio**
anguille	**anguila**
carpe	**carpa**
appâts	**cebos**

Parcs naturels

L'Espagne possède de nombreux parcs naturels dans tout le pays et particulièrement dans les Pyrénées et en Andalousie. C'est là que l'on trouve encore des espèces maintenant protégées et bien représentées comme le loup (**el lobo**), l'ours (**el oso**), le chamois (**la gamuza**), le daim (**el gamo**) ainsi que de nombreux oiseaux d'eau (**aves acuáticas**), et une flore (**flora**) très variée.

À la campagne

S'exprimer

■ Je vous propose d'aller quelques jours à la campagne. Qu'en pensez-vous ?
Os propongo ir algunos días al campo. ¿Qué pensáis de la idea?

■ Nous pourrions aller chez les Martínez. Il y a une ferme juste à côté et ils aimeraient nous voir.
Pudieramos ir a casa de los Martínez. Hay una finca al lado de su casa de campo, y quieren vernos.

■ Les enfants pourront découvrir les animaux domestiques et voir comment travaille le fermier.
Los niños podrán descubrir los animales domésticos y ver cómo trabaja el campesino.

■ Pour aller au village le plus proche, svp ?
¿Para llegar al pueblo más cercano, por favor?

■ Continuez tout droit jusqu'au petit bois, traversez le pont sur la rivière et là, tourner à droite. Vous verrez les premières maisons.
Siga recto hasta el pequeño bosque, cruce el puente sobre el río, y allí, doble a la izquierda. Verrán las primeras casas.

■ Les enfants, vous allez pouvoir ramasser beaucoup de jolies feuilles mortes.
¡Niños! Van a poder recoger muchas bonitas hojas muertas.

■ Regardez tous ! Il y a des champignons. Faites attention, ils ne sont pas tous bons. Nous allons les mettre dans un panier.
¡Mirad todos! Hay setas. ¡Cuidado! no todos son buenos. Vamos a poner-los en una cesta.

■ Cette région est bien préservée. Il y a encore beaucoup de fleurs sauvages.
Esta región está bien preservada. Quedan todavía muchas flores silvestres.

■ Ces prés et ces vaches sont à vous ?
¿Estos prados y estas vacas son suyos?

■ Pierre n'a jamais vu de tracteur. Peut-il monter avec vous ?

Pedro nunca a visto un tractor. ¿Puede subirse con usted?

■ Excusez-moi de ne pas accepter votre invitation, mais je n'aime vraiment pas les parties de chasse.

Discúlpeme si rechazo su invitación, pero no me gustan nada las cacerías.

■ Dommage, car nous voyons tellement d'animaux magnifiques.

Es una pena, ya que vemos tantos animales magníficos.

■ Je préfère aller les voir sans fusil à la main.

Prefiero ir a verlos sin escopeta en la mano.

■ Mais vous aimez la pêche ! Ce n'est pas très logique !

¡Pero le gusta la pesca! ¡No es muy lógico!

■ Oui, c'est vrai, mais j'aime le calme de la rivière, et je remets les petits poissons à l'eau.

Tiene razón, pero me gusta la calma del río, y devuelvo los pecesitos al agua.

■ Demain nous irons nous promener dans une réserve pour voir des oiseaux d'eau.

Mañana iremos a pasear en una reserva para ver aves acuáticas.

J'aime… …

En espagnol, on ne peut dire «j'aime» lorsque l'on parle d'une chose. Il faut utiliser une tournure équivalente qui se construit comme l'expression française «cette chose me plaît».

J'aime la campagne → *Me gusta el campo* (La campagne me plaît).

Le sujet est alors inversé, et il faut faire attention à l'accord avec le verbe :

J'aime **les** champignon**s** → *Me gust***an** *las* setas (Les champignons me plaisent).

Mais lorsqu'il ne s'agit pas de choses, le verbe «aimer» se construit beaucoup plus facilement :

Je t'aime → *Te quiero, te amo …*

Mer, montagne

→ VOIR AUSSI : À LA CAMPAGNE

Comprendre

mer	**mar** (m)	chaise longue	**silla, tumbona**
plage	**playa**	vague	**ola**
sable	**arena** (f)	rochers, récifs	**rocas, arecifes**
lunettes	**gafas** (toujours pl.)	marée	**marea**
(se)baigner	**bañar(se)**	ressac	**resaca** (f)
nager	**nadar**	chaleur	**calor** (m)
faire de la plongée	**bucear**	vent	**viento**
palmes	**aleta, patas de rana**	coup de soleil	**quemadura** (f)
plonger	**zambullirse, tirase de cabeza** (Am)	bateau	**barco**
se jeter (à l'eau)	**tirase (al agua)**	… à rames	**… de remos** (m)
(juste) se tremper	**darse un chapuzón**	… à moteur	**… de motor, lancha** (Am.)
radeau	**balsa** (f)	… à voile (voilier)	**velero**
bouée	**flotador** (m), **salvavidas** (m)	planche à voile, surf	**tabla de vela, de surf**
parasol	**sombrilla** (f), **parasol**	ski nautique	**esquí acuático**
maillot de bain	**traje de baño, bañador, trusa** (Am.)	montagne	**montaña**
		sommet	**cumbre** (f)
		pente (d'une montagne)	**falda (de la montaña)**
cabine	**caseta, cabaña** (Am)	pente (l'inclinaison)	**pendiente**
crème solaire	**crema solar**	parapente	**planeador, ala delta** (f)
bronzer	**broncear**	refuge	**refugio**
bronzage	**bronceo**	excursion	**excursión**

faire de la randonnée	**hacer excursionismo**	pluie	**lluvia**
chemin de grande randonnée (GR)	**camino de gran recorrido (GR)**	pleuvoir	**llover**
PR (petite randonnée)	**PR (pequeño recorrido)**	nuage	**nube** *(f)*
équipement	**equipo**	brouillard	**neblina**
s'équiper	**equiparse**	orage	**tormenta**
altitude	**altura**	tonnerre	**trueno**
escalader	**escaladar**	neige	**nieve**
sentier	**sendero**	ski	**esquí**
marquer	**marcado**	luge	**trineo** *(m)*
marque	**señal**	bonnet	**gorro**
à l'ombre	**a la sombra**	gant	**guantes**
au soleil	**al sol**	combinaison (chaussures) de ski	**traje (botas) de esquí**
facile, difficile	**fácil, sencillo, difícil**	flocon (de neige)	**copo (de nieve)**
sac à dos	**mochila**	chute de neige	**nevada**
matelas pneumatique	**colchón de goma**	piste	**pista**
		givre	**escarcha** *(f)*
		bourrasque	**ventisca**
		verglas	**helada** *(f)*

Puede repetir por favor	
plage privée	playa privada
Baignade interdite	Prohibido bañarse
Pistes fermées pour mauvais temps	Pistas cerradas por mal tiempo
Vents violents	Vientos violentos
Risque d'avalanches	Riesgos de alud

Mer, montagne

S'exprimer

■ C'est un temps pour aller à la plage. Vous venez avec nous ?
Es un tiempo de playa. ¿Venís con nosotros?

■ N'oubliez pas vos maillots de bain et des sandwiches.
No olvidais vuestros bañadores y gunos bocadillos.

■ Nous achèterons les boissons à la plage.
Compraremos de beber en la playa.

■ La plage est surveillée, mais il n'y a pas de danger aujourd'hui.
La playa está vigilada, pero hoy, no hay peligro.

■ Je préfère quand il y a du vent pour faire de la planche à voile, ou des vagues pour faire du surf.
Prefiero cuando hay viento para salir en tabla de vela, o olas para montar en tabla de surf.

■ Les enfants, allez demander le prix d'une heure de plongée.
¡Niños! id a preguntar el precio de una hora de buceo.

■ Je vais juste faire un petit plongeon pour me rafraîchir.
Voy a darme un chapuzón para refrescarme.

■ Il fait très chaud, et le soleil peut être dangereux pour les enfants.
Hace mucho calor y el sol puede ser peligroso para los niños.

■ Avec de la crème solaire et un bonnet, tout ira bien. Il y a aussi le parasol.
Con crema solar y un gorro todo irá bien. También está la sombrilla.

■ Y a-t-il des cours de voile pour les enfants ? Ils sont débutants.
¿Hay clase de vela para los niños? Son principiantes.

■ Si vous allez faire de la pêche sous-marine, n'oubliez pas vos lunettes ni vos palmes ni votre tube.
Si vais a pescar submarino, no olvideis vuestras gafas y aletas, ni tampoco vuestro tubo.

■ Le temps sera beau pendant plusieurs jours, sortons en randonnée sur le GR 18.
El tiempo debe ser bueno durante varios días. Salgamos de excursión por el GR 18.

■ Tout le monde a son équipement. Il faut juste mettre quelque réserve dans notre sac à dos et étudier les cartes.
Todo el mundo tiene su equipo. Sólo falta llenar nuestras mochilas con unas reservas y estudiar los mapas.

■ Si nous dormons au refuge, nous pourrons arriver au sommet demain après-midi.
Si dormimos en el refugio, podremos llegar a la cumbre mañana por la tarde.

■ Les pistes sont enneigées et le soleil brille. Ce sont des vacances idéales.
Las pistas están nevadas y el sol brilla. Son vacaciones ideales.

■ Vous avez de la chance. au sommet nous sommes dans le brouillard et en bas c'est de la soupe !
Tienen suerte. En la cumbre estamos en la neblina, y abajo en el pueblo ¡la nieve parece sopa!

■ Quel temps ! Ils ont annoncé des chutes de neige et ensuite de la pluie. Il ne manque plus qu'un orage !
!Qué tiempo! Han anunciado fuertes nevadas y luego lluvia ! ¡Sólo nos falta una tormenta !

Stations de sport d'hiver

En Espagne, elles sont situées en majorité dans les Pyrénées (_los Pirineos_), mais aussi plus près de Madrid dans les _Montañas Cantábricas_ et la _Sierra Guadarrama_. Mais saviez-vous que l'on skie aussi en Andalousie dans une montagne qui porte bien son nom : la _Sierra Nevada_.
En Amérique, les grandes stations sont en Argentine et au Chili où ont lieu d'ailleurs certaines épreuves de la Coupe du monde de ski, hors saison européenne.

Visiter

→ VOIR AUSSI : SORTIR EN VILLE, MER ET MONTAGNE

Comprendre

faire du tourisme	**hacer turismo**
visiter	**visitar**
plan	**plano**
carte	**mapa** (f)
rue	**calle**
chemin	**camino**
immeuble	**edificio**
musée	**museo**
maison natale	**casa natal**
rue principale	**calle mayor**
place centrale	**plaza mayor**
centre historique	**casco histórico**
zone piétonne	**zona peatonal**
arrêt de bus	**parada de autobús**
station de métro, de taxi	**estación de metro, parada de taxi**
ligne de métro, de bus	**ruta de metro, de autobús**
bureau d'information	**oficina de información**
guichet	**ventanilla, taquilla** (Am.)
billet d'entrée	**billete de entrada**
brochure d'information	**folleto de información**

catalogue	**catálogo**
visite	**visita**
visite organisée	**excursión organizada**
église	**iglesia**
couvent	**convento**
monastère	**monasterio**
abbaye	**abadía**
moine, religieuse	**monje, monja**
cloître	**clostro**
réfectoire	**comedor**
cellule	**celda**
nef	**nave**
chapelle	**capilla**
autel	**altar**
voûte (en plein cintre)	**bóveda (de cañón)**
château	**castillo**
tour	**torre**
pont levis	**puente levadizo**
parc	**parque**
façade	**fachada**
créneau	**almena**
muraille	**muralla**
arme	**arma** (m)

fossé	**foso**
roi, reine	**rey, reina**
empereur	**emperador**
découverte	**descumbrimiento**
tombe	**tumba**
tableau	**cuadro**
toile	**lienzo**
fresque	**fresco** (m)
roman (archit.)	**románico**
gothique	**gótico**
renaissance	**renacimiento** (m)
baroque	**barroco**
romantisme	**romanticismo**
chef-d'œuvre	**obra maestra**
sculpture (sur bois)	**escultura, talla** **(en madera)**

sculpter	**esculpir**
marbre	**mármol**
pierre	**piedra**
exposition	**esposición**
céramique	**cerámica**
bijoux	**joyas**
artisanat (objet)	**artesanía**
gravure	**grabado** (m)
préhistorique	**prehistórico**
contemporain	**contemporáneo**
peindre	**pintar**
peint (par)	**pintado (por)**
achevé (en)	**acabado (en)**
commandé (par…, pour…)	**pedido (por …, para …)**

Puede repetir por favor	
La visita empieza dentro de unos minutos	La visite commence dans quelques minutes
Prohibido usar flash	Flash interdit
Prohibido fotografiar, sacar foto, sentarse en los muebles	Interdit de photographier, s'asseoir sur le mobilier ?

Visiter

S'exprimer

■ Pouvons-nous visiter à cette heure-ci ?
¿Podemos visitar a esta hora?

■ Combien coûte l'entrée ? Deux adultes et trois jeunes.
¿Cuánto cuesta la entrada para dos adultos y tres chicos?

■ À quelle heure est la prochaine visite guidée ?
¿A qué hora empieza la próxima visita con guía?

■ Nous voulons visiter les appartements royaux.
Queremos visitar los aposentos reales.

■ Peut-on prendre des photos ?
¿Se puede sacar fotos?

■ L'exposition des aquarelles de … … est-elle encore ouverte ?
¿La exposición de las acuarelas de …… está abierta todavía?

■ De quel siècle est cette tour ?
¿De qué siglo es esta torre?

■ Les portraits de ces rois n'ont pas grand intérêt.
Los retratos de estós reyes no son de mucho interes.

■ Nous allons aller au moins deux jours au Prado.
Vamos a ir por lo menos dos días al museo del Prado.

■ Où se trouve la salle Goya, baroque, Picasso ?
¿Dónde se encuentra la sala Goya, sobre el barroco, Picaso?

■ Les sculptures de cette chapelle date du Moyen-âge.
Las esculturas de esta capilla son de la Edad media.

■ La place de l'artisanat n'est pas au musée.
Je préfère aller au marché Chapultepec.
La artesanía no tiene su lugar en el museo.
Prefiero ir al mercado de Chapultepec.

■ L'architecture en Espagne est très variée.
En España, la arquitectura es muy variada.

■ On y trouve tous les styles européens avec en plus l'influence de l'art mudejar.
Se encuentran todos los estilos europeos, y además la influencia del arte mudejar.

■ C'est beau, impressionnant, magnifique, intéressant, bien restauré, en ruines …
Es bonito, impresionante, magnífico, interesante, bien restaurado, en ruinas …

■ Mesdames et messieurs, dépêchez-vous, le musée va fermer.
Señoras y caballeros, apurense, el museo va a cerrar.

■ Attention dans les petites ruelles du centre historique. C'est le terrain privilégié des pickpockets.
!Cuidado en los callejones del casco histórico! Son el terreno privilegiado de los ladrones.

Musées

Au cours de voyages dans les pays hispaniques, il y a au moins trois musées à ne manquer sous aucun prétexte : *el* **Prado** *en Madrid, el* **Museo de Antropología** *de la ciudad de México, y el* **Museo del Oro** *en Bogota.*

En famille

Comprendre

mère, père	madre, padre	cours	curso
parents	padres	année scolaire	año escolar *(m)*
enfant(s)	niño, niña, (niños), hijos	vacances	vacaciones
		partir en vacances	salir de vacaciones
sœur, frère	hermana, hermano	profiter de ses vacances	disfrutar de sus vacaciones
cousin(e)(s)	primo(a), primos	bébé, nouveau-né	nene(a), recien nacido
tante, oncle	tía, tío		
grand-mère, grand-père, grands-parents	abuela(o), abuelos	changer (un bébé)	cambiar a un nene
		s'occuper de	ocuparse de
neveu, nièce	sobrino(a)	garder (qqun)	cuidar a alguién
belle-mère, beau-père	suegra(o)	baby-siter	canguro
		garderie	club (círculo) infantil
époux, mari	esposo, marido	parc d'attractions	feria
épouse, femme	esposa, mujer	zoo	parque zoológico
fiancé(e)	novio(a)	éléphant	elefante
compagne, compagnon	compañera(o)	singe	mono
		lion(ne)	león, leona
famille	familia	tigre	tigre
marié(e)	casado(a)	girafe	girafa
célibataire	soltero(a)	ours(e)	oso(a)
voyager en famille	viajar en familia	fauve	fiera *(f)*
école	escuela, colegio	gardien	guardia, vigilante
collège	secundaria	visiteur	visitante
lycée	instituto, pre *(Am)*		

cage	**jaula**
perroquet	**loro, papagayo**
manège	**tíovivo**
tour (de manège)	**vuelta**
toboggan	**canal** (f)
cirque	**circo**
clown	**payaso**
équilibriste	**equilibrista**
dessins animés	**dibujos animados**
marionnettes	**teatro de títeres, marionetas**
anniversaire	**cumpleaños**
fête pour enfants	**fiesta de niños**
surprise	**sorpresa**
cadeau	**regalo**
goûter	**merienda**

théâtre pour enfants	**teatro infantil**
pleurer	**llorar**
rire	**reír**
sauter	**saltar, brincar**
courir	**correr**
se balancer	**columpiarse**
balançoire	**columpio** (m)
patins à roulettes	**patines (de ruedas)**
surf	**tabla de surf**
ballon	**pelota**
jouer à cache-cache	**jugar al escondite**
dessiner	**dibujar**
bêtise	**travesura**
faire des bêtises	**hacer travesuras**
enfant coquin	**niño travieso**

Ir al parque

En Amérique latine surtout, la tradition, à la campagne, veut que les pères se promènent avec leurs jeunes enfants en fin d'après-midi. Ils vont au parc, (*van al parque*), c'est à dire le plus souvent sur la place centrale du village, la *Plaza mayor*.

Il s'agit surtout de retrouver les copains après le travail, tandis que les enfants s'amusent ensemble (*juegan juntos*) et salissent consciencieusement les beaux vêtements (*ropa de salir*) que les mères ont préparés en vue de la promenade.

En famille

S'exprimer

■ Combien de frères et sœurs as-tu ?

¿Cuántos hermanos tienes?

■ J'ai deux frères et une sœur.

Tengo dos hermanos y una hermana.

■ Tu as une grande famille ?

¿Tienes una familia numerosa?

■ Cette année nous partons en vacances en famille.

Este año salimos de vacaciones en familia.

■ Avez-vous un endroit où je pourrai changer le bébé ?

¿Tendrían un espacio donde podría cambiar al nene, por favor?

■ Allons au zoo avec les enfants.

Vámonos al parque zoológico con los niños.

■ La girafe et l'éléphant sont vraiment énormes !

¡La girafa y el elefante son realmente enormes !

■ Les singes sont en train de ramasser les cacahuètes que les enfants lancent.

Los monos están recogiendo los cacahuetes que los chicos están tirando.

■ À l'état naturel, ses animaux sont dangereux. Ce sont de vraies bêtes sauvages.

En la naturaleza, esos animales son peligrosos. Son verdaderas fieras.

■ Si nous sortons, il faut chercher une baby-siter pour garder les enfants.

Si salimos tenemos que buscar a un(a) canguro para cuidar a los niños.

■ Ne t'inquiète pas, elle a l'air très sérieuse, et c'est madame López qui nous l'a recommandée.

No te preocupes, parece muy seria, y es la señora López quien nos la ha recomendado.

■ Il y a des couches pour le changer dans la chambre et son biberon est prêt.

Hay pañales en su habitación para cambiarlo, y su biberón está listo.

■ Voici notre téléphone. n'hésitez pas à appeler.
Aquí tiene nuestro número de teléfono. No dude en llamar.
■ Pour l'anniversaire de Paul, nous allons inviter ses petits amis.
Para el cumpleaños de Pablo, vamos a invitar a sus amiguitos.
■ Bonjour. Vous êtes bien clown, n'est-ce pas ? J'aimerais savoir si vous animez des fêtes d'enfants.
Buenas tardes. ¿Usted es payaso verdad? Quisiera saber si puede animar una fiesta infantil.
■ Le cirque est fermé jusqu'à nouvel ordre. L'équilibriste est tombé.
El circo está cerrado hasta nuevo aviso. El equilibrista se cayo.
■ À quelle heure commence la séance de dessins animés.
¿A qué hora empieza la función de dibujos animados?
■ À partir de quel âge peut-on aller au parc d'attractions ?
¿A partir de qué edad se puede entrar en la feria?
■ Est-ce que je peux vous laisser ma fille à garder deux heures ?
¿Puedo dejarle a mi hija dos horas?

Piñata

La piñata est une construction légère en carton et papier, parfois en papier-mâché. Elle est remplie de bonbons et le jeu consiste à la casser pour faire tomber toutes les douceurs *(romper la piñata)*.
Selon le pays et les coutumes, les enfants tapent dessus à tour de rôle avec un bâton ou tirent sur des fils déjà insérés dans la construction qui représente le plus souvent un animal ou un jouet.

Des outils pour communiquer

Les possessifs

■ Les adjectifs placés avant le nom : *mon, ton, son,……*

Personne	Singulier	Pluriel
1re sing.	*mi* (mon, ma)	*mis* (mes)
2e sing.	*tu* (ton, ta)	*tus* (tes)
3e sing. + Ud	*su* (son, sa, votre)	*sus* (ses, vos)
1re plur.	*nuestro/a* (notre)	*nuestros/as* (nos)
2e plur.	*vuestro/a* (votre)	*vuestros/as* (vos)
3e plur. + Uds	*su* (leur, votre)	*sus* (leurs, vos)

Es mi casa.   **Vienen nuestras niñas.**   **¿Ud me presta su coche?**

■ Les adjectifs placés après le nom avec lequel ils s'accordent : *à moi, à toi, ……*

Personne	Singulier	Pluriel
1re sing.	*mío, mía* (à moi)	*míos, mías* (à moi)
2e sing.	*tuyo, tuya* (à toi)	*tuyos, tuyas* (à toi)
3e sing. + Ud	*suyo, suya* (à lui, à elle, à vous)	*suyo, suya* (à lui, à elle, à vous)
1re plur.	*nuestro/a* (à nous)	*nuestros/as* (à nous)
2e plur.	*vuestro/a* (à vous)	*vuestros/as* (à vous)
3e plur. + Uds	*suyo, suya* (à eux, à elles, à vous)	*suyos, suyas* (à eux, à elles, à vous)

Esta casa es mía.   **Viene una niña nuestra.**   **¡Mire el coche suyo!**

■ Les pronoms possessifs = article défini + adjectif possessif.

• *el mío, la mía, …, el suyo, la suya …* → le mien, la mienne, …, le sien/le votre (*Ud*), la sienne/la votre (*Ud*) ….

…sí, pero **las tuyas** *valen, más.*

• *lo* (neutre) *mío, lo tuyo, …* → ce qui m(t)'appartient, me(te) concerne.

Lo nuestro es diferente. → En ce qui nous concerne, c'est différent.

Les démonstratifs

■ Il existe trois groupes de démonstratifs. Ils s'utilisent en fonction de la situation dans le temps et dans l'espace, de la personne qui parle, par rapport à ce qu'elle désigne.

La personne qui parle est proche (temps et/ou espace) de ce qu'elle désigne.	este, esto, esta, estos, estas	Je suis en train de lire ce livre très intéressant. **Estoy leyendo este libro muy interesante.**
La personne qui parle est dans une position intermédiaire.	ese, eso, esa, esos, esas	Toi aussi tu lis ce livre ! **¡Tu también, lees ese libro!**
La personne qui parle est éloignée de ce dont elle parle.	aquel, aquella, aquellos, aquellas	Ils ressemblent à ceux de ma grand-mère. **Se parecen a aquellos de mi abuela.**

■ Lorsqu'ils sont pronoms, les démonstratifs portent un accent sur la voyelle accentuée.

Este libro es excelente. Ésos no valen nada.

Ce livre est excellent. Ceux-là ne valent rien.

Les prépositions

■ *A*

• Devant un COD de personne déterminée.

Llamo a mi hermano.

• Avec un verbe de mouvement suivi de l'infinitif.

Voy a llamar por teléfono.

Des outils pour communiquer

■ *De*

• Elle exprime la possession, l'origine, la matière : **es de mi madre; el avión de La Habana ; la cartera de piel.**

• **De + infinitif** après certains adjectifs correspond à « à + inf. » : **es fácil de ver** ; c'est **facile à voir**.

■ *En* indique le lieu quand il n'y a pas de mouvement : en París.

■ *Por* :

• indique le mouvement à travers → **por la puerta.**

• traduit le « pour » français → **por tres días** (**pour** trois jours) ; **Viene por mi** (**Il vient pour moi**).

• suivi d'un infinitif indique la cause → **Por ser pequeño, no te dicen nada** (**Parce que** tu es petit, ils ne te disent rien.)

■ *Para* marque la direction et le but :

Salimos para el campo. (**Nous partons à la campagne**).

Trabajamos para vivir. (**Nous travaillons pour vivre**).

■ *Con* traduit en général le « avec » français.

partie III

Vie quotidienne

Vous êtes à l'aise dans la langue, vous vous repérez dans le temps et dans l'espace. Vous commencez même à connaître certaines habitudes, certains réflexes linguistiques de vos hôtes hispanophones.

Pourquoi ne pas essayer de vous installer encore un peu plus : chercher un toit, recevoir et être reçus, se fondre dans la population, connaître encore mieux son mode de vie.

Pour passer à ce stade, la vie quotidienne reste le meilleur des professeurs. C'est pourquoi nous allons aborder dans cette partie toutes ces petites choses, tous ces petits détails de tous les jours qui font une vie.

À louer

→ VOIR AUSSI : S E LOGER, À LA MAISON

Comprendre

petites annonces	anuncios clasificados
louer	alquilar
propriétaire	proprietario (a)
locataire	inquilino(a)
contrat	contrato
loyer	alquiler
mensuel	mensual
hebdomadaire	semanal
charges	gastos (m)
maison	casa
appartement	piso, apartamento
rez-de-chaussée	planta baja
étage	planta (f), piso
immeuble	edificio
bonne affaire	chollo (m), ganga
opportunité, à saisir	oportunidad
jardin	jardín
balcon	balcón
terrasse	terraza
toit-terrasse	azotea
chambre	habitación, dormitorio, recámara (Am)
pièce	cuarto (m)

salon, séjour	sala (de estar), salón
salle à manger	comedor (m)
cuisine	cocina
salle de bain	baño
douche	ducha
toilettes	servicio (m)
couloir	pasillo
cour	patio (m)
fenêtre	ventana
porte	puerta
débarras	cuarto de desahogo
escalier	escalera (f)
ascenseur	ascensor
concierge	portero(a)
toit	tejado
plafond	techo
mur	pared (f)
cloison	tabique (m)
entrée (seuil de porte)	portal (m)
clef	llave
serrure	cerradura
verrou	pestillo

fermer	cerrar
interphone	portero automático
chauffage	calefacción (f)
gaz	gas
électricité	corriente (eléctrica), electricidad
radiateur	radiador
ventilateur	ventilador
climatisation	aire acondicionado
boîtes aux lettres	buzones
facteur	cartero
ramassage des ordures	recogida de la vasura
(les) ordures	(la) basura (f, sing)
compteur électrique (du gaz)	contador de la luz (del gas)
sortir	sacar

chauffe-eau	calentador (de agua)
bouteille de gaz	bonbón de gas
voisin	vecino
déménager	trasladarse, mudarse
déménagement	traslado, mudanza (f)
carton, boîte	caja (f)
domicile	domicilio
inaugurer	inaugurar
s'installer	instalarse
bruit	ruido
coup (de marteau)	martillazo
gêner	molestar
gêne	molestia
excuse	excusa
travaux	obras (f)
bricolage	bricolaje

Puede repetir, por favor	
Prohibido echar (depositar, botar) basura	Interdit de jeter des ordures
El ascensor está averiado	L'ascenseur est en panne.
Prohibido para niño sin adulto	Interdit aux enfants non accompagnés
¡No acercase! PELIGRO	Ne pas s'approcher ! DANGER

À louer

■ Nous sommes les personnes qui avons téléphoné pour la location.
Somos las personas que hemos llamado para el piso por alquilar.

■ Nous avons appelé la concierge.
Hemos llamado a la portera.

■ L'appartement est-il toujours libre ?
¿Está todavía libre el apartamento?

■ Pouvons-nous visiter ?
¿Se puede visitar?

■ Le chauffage (la climatisation) fonctionne bien ?
¿La calefacción (el aire acondicionado) funciona bien?

■ A-t-on accès à la terrasse sur le toit ?
¿Se tiene acceso a la azotea?

■ C'est pratique pour faire sécher le linge.
Es práctico para poner la ropa a secar.

■ Le balcon est au sud. Ce n'est pas un inconvénient en été ?
El balcón da al sur. ¿No es un inconveneiente durante el verano?

■ Les chambres donnent sur la cour qui est très fraîche, même en été.
Los dormitorios dan al patio que está muy fresco, incluso en verano.

■ Si nous signons le bail aujourd'hui, quand vous remettez-nous les clefs ?
Si firmamos el contrato hoy, ¿cuándo nos entrega las llaves?

■ Il faut nous montrer où sont les compteurs, les fusibles, les poubelles, les boîtes aux lettres …
Hay que enseñarnos dónde están los contadores, los fusibles, la basura, los buzones …

■ Nous pensons déménager la semaine prochaine.
Pensamos trasladarnos la semana próxima.

■ Où peut stationner le camion pendant le déménagement ?

¿Dónde puede aparcar el camión durante la mudanza?

■ Bonjour, nous sommes les nouveaux locataires du 6ème.

Buenos días. Somos los nuevos inquilinos del sexto piso.

■ Enchanté, je suis le concierge et je peux vous aider. Il suffit de m'appeler.

Encantado, soy el portero y puedo ayudarlos. Basta con llamarme.

■ Je vais mettre une annonce pour les voisins car nous allons faire des travaux pendant quelques jours.

Voy a poner un cartel para los vecinos, porque vamos a estar en obras durante algunos días.

■ Plus tard je vous expliquerai quand sortir les ordures et quand se fait la distribution du courrier.

Más tarde les explicaré cuando se saca la basura y cuando se hace la repartición del correo.

Trois pièces ou plus ?

Dans une annonce ou dans un bail, le nombre de pièces ne se décompte pas comme en France.

On parlera plutôt du nombre de **chambres** : _Apartamento de 3 habitaciones, sala, comedor,_ ce qui chez nous ferait un 5 pièces.

Dans la maison

→ VOIR AUSSI : FAIRE LES COURSES, ENTRE AMIS

Comprendre

meuble	**mueble**	cendrier	**cenicero**
table	**mesa**	tableau	**cuadro**
chaise	**silla**	gravure	**grabado**
fauteuil	**sillón, butaca** (f)	téléviseur	**televisor**
fauteuil à bascule	**mecedora** (am)	chaîne Hi-Fi	**equipo hifi**
bercer, se balancer	**mecer, mecerse**	magnétoscope	**equipo de vídeo**
miroir	**espejo**	lecteur de DVD	**lector de DVD**
lampe	**lámpara**	poubelle (maison)	**cubo de basura** (m)
lit	**cama** (f)	balais	**escoba** (f)
armoire	**armario** (m)	poussière	**polvo** (m)
bibliothèque	**biblioteca**	serpillière	**bayeta**
étagère	**estante**	chiffon	**trapo**
étagères (ensemble d')	**estantería**	balais-serpillière	**fregona** (f)
		nettoyer	**limpiar**
tapis	**alfombra**	aspirateur	**aspiradora** (f)
moquette	**moqueta**	balayer	**barrer**
parquet	**parqué**	salir	**ensuciar**
carrelage	**azulejos**	faire la vaisselle	**lavar los platos, fregar** (Am)
lampadaire	**lámpara de pie** (f)		
table basse	**mesita**	évier	**fregadero**
table de nuit	**mesita de noche**	boucher (se)	**atascar(se)**
rideau	**cortina** (f)	faire le ménage	**limpiar la casa**
volet	**persiena**	laver	**lavar**
canapé	**sofá**	repasser	**planchar**
vase	**florero**	fer à repasser	**plancha** (f)

planche à repasser	**mesa de planchar**
machine à laver	**máquina de lavar**
lave-vaisselle	**lavaplatos, lavavajillas**
tuyau	**tubería**
plombier	**fontanero, plomero**
arranger, réparer	**arreglar**
ranger	**colocar**
clou	**clavo**
vis	**tornillo** (m)
tournevis	**destornillador**
marteau	**martillo**
robinet	**grifo, llave** (Am)
inonder	**inundar**

essuyer	**secar**
fil électrique	**cable eléctrico**
scie	**sierra**
perceuse	**taladrado** (m)
percer	**taladrar**
ampoule (électrique)	**bombilla**
prise (de courant)	**enchufe** (m)
courant	**corriente** (f)
outil	**herramienta** (f)
peinture	**pintura**
couche (de peinture)	**mano de pintura**
visser, dévisser	**atornillar, desatornillar**
accrocher	**colgar**
fuite	**salidero** (m)

Les artisans

En Espagne encore, mais surtout en Amérique latine les artisans sont très présents. C'est peut-être pour cela que la passion du bricolage n'atteint pas dans ces pays le niveau qu'on lui connaît en France. Peintres, menuisiers, plombiers et électriciens (**pintores**, **carpinteros**, **plomeros**, **electricistas**) se déplacent plus facilement, même si généralement l'homme de la maison met aussi la main à la pâte.

Dans la maison

S'exprimer

■ Qui a fait l'installation électrique ?

¿Quién ha hecho la instalación eléctrica?

■ Et c'est toi qui a posé le carrelage de la salle de bain ?

¿Y tu eres quien ha puesto los azulejos del baño?

■ Nous avons tout fait sauf la plomberie.

Lo hemos hecho todo menos la plomería.

■ Allo. Je vous téléphone, car j'ai une fuite dans la cuisine.

!Hola! Le llamo porque tengo un salidero en la cocina.

■ Je crois que l'évier est bouché.

Creo que el fregadero está atascado.

■ As-tu assez de clous pour finir de fixer les étagères ?

¿Tendrás bastante clavos para acabar de fijar la estantería?

■ Tu ne comprends rien au bricolage ! Il me faut des vis et un tournevis !

¡No entiendes nada de bricolaje! ¡Necesito tornillos y un destornillador!

■ Merci de venir m'aider à faire le ménage.

Gracias por venir a ayudarme a limpiar.

■ Entre voisins, il faut s'aider. Un déménagement déplace aussi beaucoup de poussière.

Entre vecinos hay que ayudarse. Una mudanza desplaza también mucho polvo.

■ Mon mari a beaucoup d'outils ; il pourrait vous en prêter.

Mi marido tiene muchas herramientas ; pudiera prestaros algunas.

■ Merci pour ton aide. Maintenant il ne me reste plus qu'à repasser les vêtements des enfants, et mon mari fera la vaisselle.

Gracias por tu ayuda. Ahora sólo me falta planchar la ropa de los niños, y luego mi marido fregará.

■ Vraiment les voisins sont très accueillants ici.

Realmente los vecinos son muy acogedores aquí.

■ Ne t'inquiète pas trop pour le bruit. Nous nous couchons toujours tard.

No te preocupes demasiado con el ruido. Nos acostamos siempre tarde.

■ Connais-tu un menuisier dans le coin ?

¿Sabes de un carpintero por los alrededores?

■ Oui, le fils du plombier. À eux deux ils peuvent presque tout faire dans une maison !

Sí, el hijo del fontanero. Entre los dos ¡pueden hacer casi todo en un casa !

■ Je n'ai pas le courage de continuer. Je laisse les fenêtres pour demain et ensuite nous serons installés.

No tengo valor para seguir hoy. Dejo las ventanas para mañana y luego estaremos instalados.

■ Les enfants doivent ranger leurs affaires.

Los chicos tienen que guardar sus cosas.

La asistenta

En Espagne comme en France, les domestiques à domicile sont réservés à un mode de vie très élevé. La femme de ménage *(la asistenta)* vient une ou plusieurs fois par semaine et s'occupe de plusieurs maisons.

En Amérique latine, le terme de " bonne " *(criada)* est conservé dans les grandes maisons bourgeoises. Dans les classes moyennes, l'habitude d'avoir quelqu'un chez soi est plus courante qu'en Europe. On parle alors de " la personne qui aide à la maison ", *la persona que ayuda en la casa.*

Entre amis

→ VOIR AUSSI : À LA MAISON, COURSES, PRÉSENTATIONS

Comprendre

inviter	invitar
invitation	invitación
sans chichi	informal
entre nous	entre nosotros
ami(e)	amigo(a)
collègue	colega
pour dîner	para cenar
apporter	traer, llevar (voir encadré)
dessert	dulce
tarte	torta
entrée	entrante (m)
motif	motivo
amitié	amistad
se connaître	conocerse
entretenir	mantener
relation	relación
s'intégrer	integrarse
habitude	costumbre
voisinage	vecindario
apéritif	aperitivo
sonnette	timbre
bière	cerveza
porto	oporto
rhum	rón

cocktail	coctel
olive	aceituna
omelette	tortilla
répondre	responder, contestar
empêchement	impedimenta (f)
accepter	aceptar
avec plaisir	con gusto
aider	ayudar
combien	cuántos (as)
organiser	organizar
fête	fiesta
anniversaire	cumpleaños (âge), aniversario (date)
mariage	boda
surprise	sorpresa
bougie	vela
mettre	poner
mettre la table, le couvert	poner la mesa
couvert (terme générique)	cubierto
couteau	cuchillo
fourchette	tenedor
cuiller	cuchara

louche	**cucharón** (m)
soupière	**sopera**
plat	**fuente**
verre	**vaso**
coupe	**copa**
champagne	**champán**
plateau	**bandeja** (f)
drapeau	**bandera** (f)
agréable	**agradable**
remercier	**agradecer**
soirée	**noche**
prochaine fois	**próxima vez**

partir	**irse**
prendre congé	**despedirse**
tard, très tard	**tarde, tardísimo**
À bientôt !	**¡Hasta pronto!**
À plus tard !	**¡Hasta luego!**
À demain !	**¡Hasta mañana!**
raccompagner	**acompañar**
rater (train, métro, bus)	**perder el tren, el metro, el autobús**
hôte, hôtesse (qui reçoit)	**anfitrión (ona)**

Apporter

Ce verbe se traduit de deux manières différentes selon le lieu où se trouve la personne qui parle.

S'il faut apporter l'objet dans un lieu **A**, la personne qui est dans ce lieu **A** dira à l'autre :

- Peux-tu m'apporter du pain ? → _¿ Puedes_ **traerme** _pan ?_

L'autre lui répondra :

- D'accord je t'apporterai deux pains. → _De acuerdo te_ **llevaré** _dos panes._

En fait **traer** correspond vraiment au verbe français " apporter ", tandis que **llevar** traduit le verbe " emporter " qui en français dans certains cas comme ci-dessus est inusité, ce qui porte à confusion.

Par contre on dira facilement :

- J'emporterai les fleurs avec moi. → _Llevaré las flores conmigo._

Entre amis

S'exprimer

- Nous organisons une réunion entre amis.

Organizamos una reunión entre amigos.

- Ce sera une réunion sans chichi.

Será una reunión informal.

- Nous viendrons avec plaisir.

Con gusto iremos.

- Bonsoir, comment allez-vous ?

¡Hola! ¿Qué tal?

- Veux-tu un apéritif ?

¿Quieres un aperitivo?

- Il y a de la bière, du rhum et si tu veux Paul peux te faire un cocktail. C'est un spécialiste du *mojito* !

Tenemos cerveza, ron o si quieres, Pablo puede hacerte un coctel. ¡Es un especialista en mojito!

- Peut-on t'aider à la cuisine ?

¿Podemos ayudarte en la cocina?

- Tout est prêt, c'est très simple.

Todo está listo, es muy sencillo.

- Je t'ai apporté un dessert.

Te he traido un postre.

- Ils ont dit qu'ils viendraient, mais ils ne sont pas là.

Han dicho que iban a venir, pero no están aquí.

- Heureusement que vous apportez les chaises que je vous ai demandées.

Por suerte habéis traido las sillas que les pedí.

- As-tu mis le couvert ?

¿Has puesto la mesa?

■ Nous allons manquer de fourchettes.

Nos van a faltar tenedores.

■ Merci pour les bougies. Nous allons les allumer ce soir même.

Gracias por las velas. Las vamos a encender esta misma noche.

■ Je suis désolée, mais je dois partir. Il est déjà très tard.

Lo siento, pero tengo que irme. Ya es muy tarde.

■ Mais quelqu'un peut te raccompagner.

Pero alguién puede acompañarte.

■ Nous avons passé une soirée très agréable.

Hemos pasado una noche muy agradable.

■ Il faudra recommencer. Vous êtes des hôtes parfaits.

Habrá que repetir. Sois anfitriones perfectos.

Aller et venir

Comme pour " apporter " et " emporter ", l'espagnol est très strict sur ces verbes qui comportent des notions de mouvement.

Ainsi comme dans les exemples ci-dessus nous pouvons dire en français :

" - Nous **viendrons** avec plaisir ". Mais l'espagnol oblige, dans ce type de réponse, à dire : " Nous **irons** avec plaisir " → *Con gusto* ***iremos***.

Les courses et la cuisine

→ VOIR AUSSI : AU RESTAURANT, ACHATS EN VILLE, QUELQUES CHIFFRES

Comprendre

boucher(e)	**carnicero(a)**	cresson	**berro**
boucherie	**carnicería**	maïs	**maís**
épicerie	**(tienda de) ultramarinos, bodega** *(Am)*	avocat	**aguacate**
		céleri	**apio**
cave	**bodega**	tomate	**tomate** *(f)*
supermarché	**supermercado**	poivron	**pimiento, ají** *(Am)*, **chile** *(Mex)*
marché	**mercado**		
faire les courses	**ir de compras, ir a mercar** *(Am)*	piment	**chile**
		chou	**col** *(f)*
caddy	**carretilla** *(f)*	chou-fleur	**coliflor** *(f)*
légumes	**verduras** *(f)*	pomme de terre	**patata, papa** *(Am)*
fruit	**fruta** *(f)*	aubergine	**berenjena**
le fruit (d'un effort)	**los frutos** *(m.pl.)* **(de un esfuerzo)**	courgette	**calabacín**
		potiron	**calabaza**
haricot vert	**alubia, habichuela verde**	betterave	**remolacha**
		artichaut	**alcachofa** *(f)*
haricot sec	**frijól** *(Am)*	asperge	**espárrago** *(m)*
carotte	**zanahoria**	épices	**especies**
navet	**navo**	laurier	**laurel**
poireau	**puerro**	clou de girofle	**clavo de olor**
oignon	**cebolla** *(f)*	cumin	**comino**
ail	**ajo**	paprika	**pimentón**
salade	**ensalada**	persil	**perejil**
laitue	**lechuga**	marjolaine	**orégano**
endive	**achicoria**	thym	**tomillo**

romarin	**romero**	sel	**sal** (f)
abricot	**albaricoque, damasco**	huile	**aceite** (m)
pêche	**melocotón, durazno**	riz	**arroz**
		pâte	**pasta**
prune	**ciruela**	spaghetti	**espaguetis**
pruneau	**ciruela pasa** (f)	cornichon	**pepinillo**
raisin	**uva**	moutarde	**mostaza**
raisin sec	**pasa**	mayonnaise	**mayonesa**
cerise	**ceresa**	café	**café**
framboise	**frambuesa**	café au lait	**cortado**
amande	**almendra**	thé	**té**
mangue	**mango** (m)	vin	**vino**
goyave	**guayaba**	fromage	**queso**
orange	**naranja**	farine	**harina**
pamplemousse	**pomelo, toronja** (Am)	lait	**leche** (f)
		conserve	**conserva, latería**
citron	**limón**	confiture	**confitura, mermelada**
citron vert	**lima**		
papaye	**papaya, fruta bomba**	miel	**miel** (f)
		mariné	**adobado**
fraise	**fresa**	grillé, rôti	**asado**
figue	**higo** (m)	bouilli	**hervido**
viande	**carne**	à la vapeur	**al vapor**
poisson	**pescado**	braisé	**estofado**
fruits de mers	**mariscos**	au four	**al horno**
sucre	**azúcar** (f)	cuisinière (à gaz, électrique)	**cocina (de gas, eléctrica)**

Les courses et la cuisine

fourneau	**hornillo**
assaisonner	**sazonar, aderezar**
cuire	**cocer**
cuisiner	**cocinar**
égoutter	**escurrir**
égouttoir	**escurridor**
casserole	**cazuela**
ouvre-boîte	**abrelatas**
ouvre-bouteille	**abrebotellas**
tire-bouchon	**sacacorchos**
allumette	**cerilla**
ciseaux	**tijeras** *(f,pl)*
eau de javel	**lejía**
détergent	**detergente, polvo de lavar**
frire	**freir**
poêle	**sartén**
cocotte	**olla**
assaisonner (la salade)	**aliñar**
consommé	**caldo**
soupe	**sopa**
potage	**potage**
barbecue	**parilla, parillada, a la parilla**
viande hachée	**carne picada, carne molida**

boulette de viande	**albóndiga**
pâté à la viande	**empanada**
pâté de maïs *(Am)*	**ayaca** *(f)*, **tamal**
à la créole (avec tomate, poivron et ail)	**a la criolla**
assaisonnement (à base d'oignons et d'épices)	**zofrito**
beignet	**churro**
friture	**fritura**
saucisse	**embutido, salchicha**
pané(e)	**empanizado(a)**
gratiné	**gratinado**
boisson frappée	**granizado** *(m)*
boisson aux amandes	**horchata**
œuf … …au plat … … dur … … brouillé … … à la sauce tomate piquante … … à la coque	**huevo** **… frito** **… duro** **… revuelto** **… a la ranchera** *(Mex)* **… cocido**
au sirop	**en almíbar**
pâtisserie	**pastelería**
râpé	**rallado**
filet	**solomillo, filete**

S'exprimer

■ Je ne connais pas ce fruit. Comment l'appelez-vous ?
No conozco esta fruta. ¿Cómo la llaman?

■ Comment peut-on cuisiner ce légume ?
¿Cómo se puede cocinar esta verdura?

■ J'aimerais bien goûter les pommes de terre à la huancaina.
Me gustaría probar las papas a la huancaina.

■ C'est assez facile. Tu fais bouillir des patates douces. Tu les coupes en rondelles épaisses, et tu les sers avec des rondelles d'oignons et arrosées d'une sauce à la tomate et aux poivrons verts très piquante. Il ne faut pas oublier à côté, de préparer un pot de fromage blanc qui atténue le piquant de la sauce.
Es bastante fácil. Preparas papas hervidas. Las cortas en rodajas espesas, y luego las sirves con una salsa de tomates y de pimientos verdes muy piquante, y rodajas de cebolla. No olvides preparar al lado un pozuelo con queso fresco para matizar el piquante de la salsa.

■ Bientôt je saurai aussi faire la paella.
Dentro de poco, también sabré cocinar la paella.

■ Au Mexique, les plats sont trop épicés pour mon palais.
En México, las comidas están demasiado piquantes para mi paladar.

Les médias

Comprendre

télévision	televisión
télévision (le poste)	televisor
radio	radio
radio (le poste)	radio (m)
chaîne	cadena
programme	programa
station (de radio)	emisora
privé(e)	privado(a)
public (que)	público(a)
speaker	locutor(a)
animateur (trice)	animador(a)
émission	emisión, programa (Am)
écran	pantalla (f)
allumer	encender
éteindre	apagar
nouvelle	noticia
les nouvelles	noticias
journal télévisé	noticiero
câble	cable
satellite	satélite
parabole	parábola
météo	meteo, tiempo
film	película
feuilleton	telenovela

série	serie
VO	version original
doublé	doblado(a)
sous-titre	subtítulo
sous-titré(e)	subtitulado(a)
enregistrer	grabar
émission enregistrée	emisión grabada
émission en direct	emisión en vivo
zappeur	control remoto
studios (de TV)	estudios
filmer	filmar
tourner un film	rodar una película
commentaire	comentario
chroniqueur	comentarista
neutre	neutro, neutral
orienté(e)	orientado(a)
contrôlé(e)	controlado(a)
opinion	opinión
journaliste	periodista
reporter	reportero
photographe	fotógrafo
cameraman	camarógrafo
preneur de son, ingénieur du son	tomador (ingeniero) de sonido

micro	**micrófono**
interview	**entrevista**
table ronde	**mesa redonda**
journal	**periódico**
magazine	**revista**
quotidien	**diario**
abonnement	**abono, suscripción**
vente au numéro	**venta al ejemplar**
tirage	**tirada**
kiosque de presse	**quiosko de prensa**
évènement	**acontecimiento, suceso**
mondialisation	**globalización**
parti politique	**partido político**
de gauche	**de izquierda**
de droite	**de derecha**
libéral	**liberal**
populaire	**popular**
conservateur	**conservador**
démocrate	**demócrata**
république	**república**
monarchie	**monarquía**
parlementaire	**constitucional**

gouvernement	**gobierno**
exécutif	**ejecutivo**
justice	**justicia**
faits divers	**páginas amarillas**
sensationnel	**sensacional**
article	**artículo**
éditorial	**editorial**
communiqué	**comunicado**
agence de presse	**agencia de prensa**
la Une	**la primera plana**
section	**sección**
courrier des lecteurs	**correo de lectores**
publicité	**publicidad**
publicité (annonce)	**anuncio** (m)
réputation	**fama**
digne de foi, fiable	**digno(a) de fe**
potin	**chisme**
rédacteur en chef	**jefe de redactores**
correspondant	**corresponsal**
le gros titre	**titular**
thème	**tema**
titre	**título**

S'exprimer

■ Il y a beaucoup de publicité sur cette chaîne.
Hay mucha publicidad en esta cadena.

■ Je ne regarde que les nouvelles et des films.
Nada más miro el noticiero y películas.

■ La presse écrite a la réputation d'être plus fiable.
La prensa escrita tiene fama de ser más digna de fe.

■ Les articles du *País* sont bien documentés et complets, mais parfois très orientés.
Los artículos del *País* son muy bien documentados y completos, pero a veces muy orientados.

■ C'est une presse d'opinion.
Es una prensa de opinión.

■ Votre télévision est-elle neutre ?
¿Es vuestra televisión neutral?

■ Les journalistes essayent d'être objectifs.
Los periodistas intentan ser objetivos.

■ Les programmes de dessins animés plaisent aux enfants.
A los niños les gustan los programas de dibujos animados.

■ Ma mère regarde son feuilleton tous les jours. Elle ne le raterait pour rien au monde.
Mi madre mira su telenovela todos los días. Por nada del mundo la perdería.

■ Ma radio est allumée toute la journée. C'est très agréable pour une personne seule.
Mi radio está encendido todo el día. Es muy agradable para una persona sola.

■ As-tu le temps de lire tout le journal, tous les jours ?

¿Tienes tiempo para leer todo el periódico todos los días?

■ Non et encore moins le dimanche avec tous les suppléments !

No, y ¡menos todavía el domingo con todos los suplementos!

■ Celui qui présente la météo est devenu très célèbre grâce à ses commentaires plein d'humour.

El que presenta la meteo se hizó muy famoso gracias a sus comentarios humorísticos.

■ Dans certains pays d'Amérique latine, la télévision atteint plus facilement les populations, que le journal, qu'elles ne savent pas toujours lire.

En algunos países de América latina, la TV llega mejor a la población que el periódico que, además ,¡no saben leer siempre.

■ La journaliste la plus célèbre d'Espagne est maintenant une future reine.

La periodista más famosa de España es ahora una futura reina.

Célébrités

En Espagne et encore plus en Amérique latine, un certain public est friand des commentaires sur la vie de ceux que l'on appelle maintenant les " people ".

Tous les jours la TV publique espagnole diffuse une émission où les personnes en vue viennent dire quelques mots sur le dernier épisode de leur vie mouvementée.

Dans les journaux mexicains, argentins, chiliens, les " Carnets ", annonçant mariages, réceptions et décès font parfois plusieurs pages. Toute " bonne famille " doit y faire publier les grands évènements de sa vie.

Un peu de sport !

→ VOIR AUSSI : À LA CAMPAGNE, MER ET MONTAGNE

Comprendre

sport	**deporte**	contre la montre	**contra el reloj**
faire du sport	**practicar un deporte**	étape	**etapa**
équitation	**equitación**	tour d'Espagne	**la gira (f) a España**
monter à cheval	**montar a caballo**	volley-ball, basket-ball	**balonvolea, baloncesto**
École espagnole	**Escuela española**	athlétisme	**atletismo**
nager	**nadar**	athlète	**atleta**
natation	**natación**	coureur	**corredor**
champion(ne)	**campeón(a)**	sauter	**saltar**
championnat	**campeonato**	saut	**salto**
épreuves	**pruebas**	rivaliser, participer à une compétition	**competir**
en plein air	**al aire libre**	adversaire	**adversario**
stade	**estadio**	équipe	**equipo (m)**
gymnase	**gimnasio**	individuelle	**individual**
couvert	**cubierto**	entraîneur	**entrenador**
tennis	**tenis**	s'entraîner	**entrenarse**
raquette	**raqueta**	gagner	**ganar**
balle	**pelota**	match	**partido**
filet	**red**	arbitre	**arbitro**
terrain (de tennis)	**cancha (de tenis)**	résultat	**resultado**
partie	**partido (m)**	médaille	**medalla**
ping-pong, tennis de table	**tenis de mesa**	voile	**vela**
cyclisme	**ciclismo**	ancre	**ancla (m)**
course	**carrera**	barre	**caña**

bout	cabo
gouvernail	timón
mât	mástil
pont	cubierta
poupe	popa
proue	proa
appareiller	zarpar
cap	rumbo
tempête	temporal
football	fútbol
Loto sportif	quiniela *(f)*
but	gol, tanto
cage	portería
gardien de but	portero
dégagement	saque
hors jeu	fuera de juego
match nul (faire)	empate, empatar
terrain	campo
tir	disparo

tête	cabeza
dribler	regatear
prolongation	prórroga
corner	saque de esquina
coup de pied	patada *(f)*
attaque	ofensiva
ailier	ala, extremo
arrière	defensa
coup	golpe
franc	franco
réparation	castigo
tribune	tribuna
pelote basque	pelota
boxe	boxeo
boxeur	boxeador
round	asalto
escrime	esgrima
fleuret	florete
sabre	sable

Le Real

L'équipe au plus de 2 500 trophées (exposés dans son musée de la *Ciudad Deportiva*), est certainement un des plus célèbre d'Europe. Il fonctionne comme une véritable entreprise et est coté en bourse (en *la Bolsa de valores*).

Un peu de sport !

S'exprimer

■ As-tu fait tes paris aujourd'hui ?
¿Ya has hecho las apuestas hoy, has apuntado la quiniela?

■ Le championnat est très disputé.
El campeonato está muy reñido.

■ Nous allons au match demain ; tu es toujours d'accord ?
Vamos al partido mañana. ¿Sigues de acuerdo?

■ Bien sûr. J'ai déjà acheté les entrées comme je te l'avais dit.
Por supuesto. Ya compré las entradas como te lo había dicho.

■ Nous sommes à la tribune B, avec les supporters des adversaires.
Estamos en la tribuna B, en medio de los hinchas del equipo opuesto.

■ Alors ce sera vraiment du sport !
¡Entonces será realmente una noche deportiva!

■ Martha regarde le patinage artistique à la télévision.
Martha se queda mirando el patinaje artístico en la TV.

■ Viens de bonne heure. Je ne veux pas entrer dans la bousculade du dernier moment.
Ven temprano. no quiero entrar en medio de los empujones del último momento.

■ Ce match nul, c'est à cause de l'arbitre !
¡Este empate es culpa del árbitro!

■ Il n'a pas sifflé cette faute qui était évidente.
No ha pitado esta falta que era evidente.

■ Le public l'a sifflé. Mais il le méritait.
El público lo ha abucheado. Pero se lo merecía.

■ Les régates de Palma commencent la semaine prochaine.
Las regatas de Palma empiezan la semana próxima.

■ J'ai acheté une nouvelle voile. Je suis prête à appareiller.
He comprado una vela nueva. Estoy lista para zarpar.
■ Les Espagnols ne participent pas beaucoup aux courses de grand large, mais ils ont d'excellents résultats en Méditerranée.
Los Españoles no participan mucho en las carreras de alta mar. Pero tienen excelentes resultados en el Mediterráneo.
■ L'École andalouse d'équitation est très célèbre.
La Escuela de equitación de Andalucía es muy famosa.
■ Il faut que je me réinscrive à la gymnastique. Cela devient urgent !
Tengo que volverme a inscribir en la gimnasia. ¡Se está volviendo urgente!
■ Après un certain âge, on pratique des sports plus calme comme les échecs ou les dominos.
Después de cierta edad se practican deportes más tránquilos como el ajedrez o el dominó.

La fiesta

→ VOIR AUSSI : UN PEU DE SPORT, LA NUIT

Comprendre

fête	fiesta	Valence	Valencia
cérémonie	ceremonia	scène en carton pâte	falla
semaine sainte	semana santa	feux	fuegos
procession	procesión	pantin de paille	monigote de paja, " ninot "
pénitent (sous capuche)	encapuchado	tambourin	tamboril
confrérie	cofradía	prairie de San Isidro	pradera de san Isidro
statue de la Vierge	imágen		
capuche (des pénitents)	cucurucho (m)	flamenco	flamenco
statues portées par les pénitents	paso	chant profond	cante jondo
		chant flamenco	cante flamenco
feria	foire	claquement des chaussures	zapateado
harnaché	enjaezado	scène (de flamenco)	tabla flamenca
cheval harnaché	caballo enjaezado		
robe à pois	vestido con lunares	démon (du flamenco)	duende
		vocalise du chanteur	melisma
robe à volants	vestido con volantes	course de taureaux	corrida de toros
habit de fête	ropa de galas	affiche	cartel
promenade	paseo	taureau jeune	novillo
bar sous la tente	caseta	course avec ces taureaux	novillada
fête patronale	romería		
Vierge du Rocío	Virgen del Rocío	torero non confirmé	novillero
char orné de fleurs	carro adornado con flores	arène	plaza de toros

porte de sortie du taureau	**puerta de arrastre**
endroit où est gardé le taureau	**toril**
plus haut gradin	**andanada**
premier couloir en bord d'arène	**callejón**
barrière de protection en bois	**talanquera**
loge	**palco**
présidence	**presidencia**
cercle du milieu de l'arène	**redondel**
chicane devant la barrière	**burladero**
cape	**capote** (m)
phase de la corrida	**suerte, tercio**
travail du torero	**faena**
fanfare	**banda**
estocade	**estoque**
coup de grâce	**descabello**
rappel à l'ordre	**aviso**
mariage	**boda**
alliance	**anillo**
bague de fiançailles	**anillo de compromiso**

voyage de noce	**viaje de novios**
offrir	**ofrecer**
offrir un cadeau	**hacer un regalo**
baptême	**bautizo**
marraine	**madrina**
parrain	**padrino**
se marier à l'église … … … … à la mairie	**casarse por la iglesia** **casarse por lo civil**
Noël	**Navidad**
Épiphanie	**Día de Reyes**
fête patronale	**verbena**
feu de joie	**hoguera** (f)
stand de tir	**puesto de tiro al blanco**
feux d'artifice	**fuegos artificiales**
réunion fixe	**tertulia**
réunion entre amis pour bavarder	**velada**
fête dansante	**guateque** (m)
fête chômée	**fiesta de guardar**
troubler une fête	**aguar una fiesta**
trouble-fête	**aguafiestas**

La fiesta

S'exprimer

- Cette année je voudrais aller passer la Semaine de Pâques à Séville.
Este año quisiera pasar la Semana Santa en Sevilla.
- Avez-vous un programme indiquant les heures des processions ?
¿Tienen un programa indicando los horarios de las procesiones?
- Pardon. De quelle confrérie s'agit-il maintenant ?
Disculpe. ¿De qué cofradía se trata ahora?
- Les corridas de la San Isidro marquent le début de la saison.
Las corridas de la San Isidro marcan el principio de la temporada.
- Vous devriez réserver vos places. C'est plein longtemps à l'avance.
Les convendría reservar sus asientos. Se llena con mucha antelación.
- Nous avons la chance de pouvoir conserver encore ces quelques fêtes traditionnelles. Mais cela ne va pas durer.
Tenemos la suerte de poder conservar todavía estas fiestas tradicionales. Pero no va a durar mucho tiempo.
- Je suis la marraine de cet enfant et je ne sais pas quoi lui offrir.
Soy la madrina de este niño y no sé que regalarle.
- Nous allons danser. Quelle chance ! En France, nous avons peu d'occasion.
Se va a bailar. ¡Qué bueno! En Francia tenemos poca oportunidad de hacerlo.

Día de reyes

Dans les pays de langue espagnole, les enfants n'attendent pas le Père Noël le 25 décembre. La fête est familiale et parfois encore religieuse.

Ce sont les Rois Mages (*Los Reyes Magos*) qui apportent les cadeaux aux enfants. C'est donc le 6 janvier (*6 de enero*) que petits et grands attendent avec impatience.

■ Beaucoup de fêtes sont plutôt des réunions de discussion. On arrange le monde toute l'année, et on oublie d'y vivre !

Muchas fiestas son más bien tertulias. Arreglamos el mundo todo el año, ¡y se nos ovida vivir en el !

■ Dès que les feux d'artifice sont finis, je vais me coucher.

En cuanto se acaben los fuegos artificiales, voy a acostarme.

La corrida

Que l'on soit un habitué (*aficionado(a)*) ou que l'on découvre la corrida, il vaut mieux aborder l'arène en comprenant ce qui s'y passe.

La *corrida* commence toujours par le défilé de l'ensemble des participants : les trois *toreros* qui vont travailler accompagnés de leur *cuadrilla*. Suivent quatre phases très précises. Le *toro* qui sort du *toril* est accueilli par le *matador* qui le teste (*tantea*) à l'aide de *su capote* en réalisant des passes appelées *verónicas*. L'homme a quelques minutes à peine pour comprendre les réactions du taureau.

Viennent alors les trois *suertes.*

Suerte de varas au cours de laquelle *un picador a caballo* inflige à l'animal trois coup de lance au plus (*puyas*).

Suerte de banderillas : el *matador* ou un *peón* de *su cuadrilla* plante trois paires de *banderillas*.

Suerte de matar est annoncé par *el clarinazo*. Alors commence vraiment le travail du *torero, la faena*. Il doit ammener l'animal a baisser la tête pour le préparer à la mort. *La faena*, si elle est bonne, est applaudie (*aplausos*) ou huée (*la bronca*). Si *la faena* est bonne et si le *matador* place bien son *espada de matar* sans que l'on ait besoin d'achever l'animal avec un *descabello*, il pourra gagner *una oreja* offerte par la présidence ou une deuxième demandée par le public qui agite des mouchoirs blancs, et même peut être *la cola y la salida por la puerta grande*.

Des outils pour communiquer

Les pronoms personnels

Sujet	COD	COI	Après préposition	Réfléchi
yo	me	me (a mí)	mí (para mí)	me
tú	te	te	ti	te
él/ella	lo, le/la	le	él/ella	se
ello *(cela)*	lo	le *(à cela, y)*	ello	
usted	le/la	le	usted	
			sí *(soi, lui, elle, vous)*	
nosotros/as	nos	nos	nosotros/as	nos
vosotros/as	os	os	vosotros/as	os
ellos/as	los, les/las	les	ellos/as	se
ustedes	les/las	les	ustedes	
			sí *(soi, eux, elles, vous)*	

■ Avec la préposition **con** on emploi les formes particulières : **conmigo, contigo, consigo** (avec soi).
■ À la 3ᵉ personne, s'il y a deux pronoms complément dans la phrase, le COI (le premier) devient toujours **se**.
(A usted) **le** llevará <u>las cajas</u>. → **Se** <u>las</u> llevará.

L'enclise
● Les pronoms personnels compléments (COD et COI) s'accrochent à la fin du verbe à l'infinitif, au gérondif et à l'impératif.
Darnos (Nous donner)   **Mirándote** (En te regardant)
Dime (Dis-moi).

● Le COI est toujours placé en premier : **Dámelo** (Donne-le moi).
● Ne pas oublier : **Déselo** (Donnez-le lui)

Traduction de « vous »

● *Vous,* ensemble de personnes que l'on tutoie → **Vosotros/as**.
La personne de référence est la deuxième du pluriel :
(Vosotros) Estáis haciendo **vuestros** ejercicios.
● Vous de politesse (un seul interlocuteur) → **Usted**.
La personne de référence est la 3ᵉ du singulier :
(Usted) ¿Está redactando **su** informe ?
● Vous de politesse (plusieurs interlocuteurs) → **Ustedes**.
La personne de référence est la 3ᵉ du pluriel :
(Ustedes) ¿Están redactando **sus** informes ?

● Rappel : variations des formes en Amérique, voir p. 5.

Les pronoms relatifs

■ Qui, lequel (sujet) → **que** ; **el/la cual, los/las cuales** ; **quien/quienes** (personne seulement). **Los hombres que (quienes) gritan...**
■ Ce qui (sujet) → **lo cual** (neutre). **No llegan lo cual me preocupa.**
■ Que (COD) → **a quien, al cual, a la cual... Los a quienes esperamos...**
■ Préposition + qui, lequel (COI) → préposition + **quien, el que, el cual**
■ Préposition + quoi → préposition + **lo cual, lo que** (neutre).
■ « dont », complément d'un nom → **cuyo. La señora cuyo nombre es...**
■ « dont », complément d'un verbe → **del que, del cual, de quien. La persona de la que (de quien) te hablé...**

■ Traduction de « où »

donde ; **en donde/el que/el cual** (sans mouvement) ; **a/por donde/el que/el cual** (avec mouvement). **La puerta por la cual** entras…

L'emploi de « ser » et « estar »
■ Emploi de **ser**
● Lorsque l'attribut du sujet est un nom. **Eres mi amiga.**
● Pour indiquer, l'appartenance, l'origine, la matière. **Es de mi profesora. Somos de España. Son de madera.**
● Lorsque l'adjectif attribut indique une qualité essentielle. **Es muy grande.**
■ Emploi de **estar**
● Pour situer dans le lieu ou le temps. **Estamos de vacaciones.**
● Lorsque l'attribut est un adjectif exprimant un état susceptible de changer. **Está preocupada.**

La concordance des temps
Elle est obligatoire en espagnol.

Proposition principale à l'indicatif	Subordonnée au subjonctif
présent, futur, passé composé **Te hablo así /Te he hablado así**	présent **para que te recuerdes.**
temps du passé (sauf passé composé) et conditionnel **Te hablé/Te hablaba/ Te hablaría así**	imparfait à l'une des deux formes (-ra ou –se) **para que te recordaras (recordases).**

Partie IV

S'occuper de soi

Il est grand temps de penser un peu à soi, maintenant que la communication avec les autres ne vous pose plus de problème majeur.

Vous, votre corps, son confort, son entretien, mais aussi les attaques qu'il peut subir : la maladie, la douleur.

Et puis n'oublions pas tout ce que l'on ressent : les sensations, les sentiments, les joies d'une rencontre, la délicatesse d'une relation plus soutenue, et peut être aussi la rencontre d'un autre corps.

Tout ce vocabulaire plus subtil va vous être fourni dans cette partie.

À la fin de cet ouvrage, il vous restera bien sûr à vérifier et à pratiquer un peu la conjugaison espagnole, mais vous surmonterez facilement cette dernière difficulté en parlant chaque jour un peu plus, sans crainte : votre bagage est maintenant largement suffisant pour profiter pleinement de la joie de vous exprimer dans cette langue et d'établir avec ceux qui la parlent et les diverses cultures qu'ils illustrent, les meilleurs relations.

Le corps, l'hygiène

Comprendre

hygiène	**aseo** (m)
corps	**cuerpo**
tête	**cabeza**
front	**frente** (f)
cheveu(x)	**cabello** (tjr. sing.)
œil, yeux	**ojo(s)**
nez	**nariz** (f)
visage	**cara** (f), **rostro**
peau	**piel**
bouche	**boca**
lèvre(s)	**labio(s)** (m)
dent	**diente** (m)
gencive	**encía**
langue	**lengua**
cou	**cuello**
épaule	**hombro**
bras	**braso**
poignet	**muñeca** (f)
main	**mano**
doigt	**dedo**
ongle	**uña**
paume de la main	**palma de la mano**
poitrine	**pecho** (m)
sein	**seno**

ventre	**vientre**
bas ventre	**bajo vientre**
jambe	**pierna**
entrejambe	**entrepierna** (f)
cuisse	**muslo** (m)
genou	**rodilla** (f)
mollet	**pantorilla** (f)
cheville	**tobillo** (m)
pied	**pie**
hanche	**cadera**
estomac	**estómago**
cœur	**corazón**
poumon	**pulmón**
intestin	**intestino**
silhouette	**silueta, figura**
muscle	**músculo**
gorge	**garganta**
dos	**espalda** (f)
bain	**baño**
douche	**ducha**
prendre un bain, une douche	**tomar un baño, una ducha, bañarse, ducharse**
baignoire	**bañera**
gant de toilette	**manopla** (f)

serviette de toilette	**toalla**
brosse à dents	**cepillo de dientes** (m)
se brosser les dents	**cepillarse los dientes**
dentifrice	**pasta de dientes, dentífrico**
peigne	**peine**
brosse	**cepillo** (m)
sèche-cheveux	**secador (de pelo)**
se coiffer, se peigner	**peinarse**
coiffure	**peinado** (m)
glace (miroir)	**espejo** (m)
se laver les cheveux	**lavarse la cabeza**
produit de beauté	**cosmético**
crème	**crema**
lotion	**loción**
shampoing	**champú**
peau (du visage)	**cutis** (m)
maquiller, démaquiller	**maquillar, desmaquillar**
rouge à lèvres	**barra de labios** (f)
vernis à ongle	**esmalte de uñas**
lait démaquillant	**leche limpiadora** (f)
nourrir	**nutrir**
nourrissant(e)	**nutritivo(a)**

hydrater, hydratant(e)	**hidratar, hidratante**
déodorant	**desodorante**
barbe	**barba**
se raser	**afeitarse**
rasoir (électrique)	**maquinilla de afeitar (eléctrica)** (f)
lame	**cuchilla**
épilation	**depilación**
adoucir	**suavizar**
(s')épiler	**despilar(se)**
teint	**tez** (f)
lisse	**terso(a)**
crème à raser	**espuma de afeitar**
sec, sèche	**seco, seca**
gras(se)	**graso(a)**
pellicules	**caspa** (f, sing.)
ride	**arruga**
âge	**edad**
adulte	**adulto(a)**
personne âgée	**persona mayor, de edad**
vieillard, très âgé(e)	**anciano(a)**
majeur, mineur	**mayor, menor de edad**
jeunesse	**juventud**

Le corps, l'hygiène

S'exprimer

CHEZ LE COIFFEUR → **EN LA PELUQUERÍA**

■ Je voudrais un shampoing et une coupe.
Quiero que me lave la cabeza y me corte el pelo.

■ À quelle longueur je coupe : très court ou non ?
¿A qué altura quiere que corte: muy corto o no?

■ J'ai besoin d'un shampoing anti-pelliculaire.
Necesito un champú anticaspa.

■ Je veux me teindre les cheveux en noir, roux, châtain, blond.
Quiero teñirme el pelo de negro, rojo, castaño, rubio.

■ Je m'occupe de vous tout de suite.
La (le) atiendo enseguida.

■ Je veux changer un peu : enlever cette raie que je porte depuis longtemps.
Quiero cambiar un poco: quíteme esta raya que llevo desde hace mucho tiempo.

■ Et derrière cela vous convient comme ceci ?
¿Y por detrás, le conviene así?

■ La mode est aux cheveux très courts.
La moda es de llevar el pelo muy corto.

SALON DE BEAUTÉ → **SALÓN DE BELLEZA**

■ Pouvez-vous m'indiquer où se trouve le salon de beauté le plus proche ?
Por favor, me puede indicar el salón de belleza más cercano.

■ Bonjour. J'aimerais un traitement hydratant pour le corps et un massage antirides pour le visage.
¡Hola! Quiero un tratamiento hidratante para el cuerpo y un masaje anti-arrugas para el rostro.

■ Vous avez la peau du visage très sèche. Vous avez besoin d'une crème nourrissante.

Tiene el cutis muy seco. Necesita una crema hidratante.

■ Ne te mets pas autant de fard à paupière. Ce n'est vraiment pas joli.

No te pongas tanta sombra de ojos. No te queda nada bonito.

PRODUITS DE BEAUTÉ → **PRODUCTOS DE BELLEZA**

■ J'aimerais des produits de maquillage pour un teint clair, métis, noir.

Quisiera productos de maquillaje para una tez, clara, meztisa, negra.

■ Je cherche un masque pour peau grasse.

Busco una mascarilla para el cutis graso.

■ J'ai souvent des problèmes avec les produits de beauté. Avez-vous des produits antiallergiques ?

Tengo a menudo problemas con los productos de belleza. ¿Tendrán productos antialérgicos?

DANS LA SALLE DE BAIN → **EN EL BAÑO**

■ C'est agréable de prendre sa douche avec ce gel de bain parfumé aux fruits.

Es agradable bañarse con este gel de baño con perfume de frutas.

■ J'ai de plus en plus de rides. C'est horrible !

Cada día tengo más arrugas. ¡Es horrible !

■ Mais tu es déjà grand-mère, tu ne peux pas garder ta peau lisse de vingt ans !

Pero ya eres abuela, ¡no puedes conservar el cutis terso de tus veinte!

■ Je n'arrive pas à me voir en petite vieille toute ridée.

No logro imaginarme en ancianita toda arrugadita.

■ Tout ceci est dans ta tête. Regarde ton mari, depuis qu'il s'est coupé les cheveux il paraît 10 ans de moins !

Todo esto está en tu cabeza. Mira a tu marido. Desde que se cortó el pelo, parece tener diez años menos.

Maladie et douleur

→ VOIR AUSSI : LE CORPS

Comprendre

gorge	garganta
amygdales	amigdalas
ganglion	ganglio
oreille	oreja, oído
tympan	tímpano
abdomen	abdomen
ovaire	ovario
testicule	testículo
vagin	vagina *(f)*
règles	período *(m, sing)*
os	hueso
articulation	articulación
tendon	tendón
appendice	apéndice
appendicite	apendicitis
intestin	intestino
vessie	vejía
rein	riñón
colonne vertébrale	columna vertebral
côte	costilla
fièvre	fiebre
prendre la température	tomar la temperatura
chaud	caliente
tiède	tibio(a)

frais	fresco(a)
tousser	toser
toux	tos
rhume	catarro
angine	anginas *(tjr pl)*
enflammé(e)	inflamado(a)
infecté(e)	infectado(a)
contagieux(se)	contagioso(a)
avoir un rhume, être enrhumé(e)	estar acatarrado (a), constipado(a)
être constipé(e)	estar estreñido(a), padecer estreñimiento
diarrhée	diarrea
ordonnance	receta
médicament	medicamento, medicina *(f)*
comprimé	pastilla
la pilule	la píldora
gouttes	gotas
piqûre	inyección
analyse de sang, d'urine	análisis de sangre, de orine
parasite	parásito
veine	vena
sang	sangre

selles	heces fecales
tension	tensión, presión
anti-inflammatoire	antinflamatorio
antibiotique	antibiótico
analgésique	analgésico
grave	grave
malade	enfermo(a)
ambulance	ambulancia
blesser	herir
blessure	herida
(se) casser (un os)	partir(se) (un hueso)
consulter	consultar
soigner	curar, cuidar
guérir	estar curado, curarse
soin(s)	cura (f) (tjr au sing.)
(se) fatiguer	cansar(se)
premiers soins	primeros auxilios
souffrir	sufrir
souffrir d'une maladie	padecer de…una enfermedad
patient(e)	paciente
infirmier(e)	enfermero(a)
chirurgien	quijurgano
dentiste	dentista
abcès	abceso
carie	carie

arracher une dent	sacar una muela
plombage	empaste
dentier	dentadura postiza (f)
pharmacie	farmacia
pharmacien(ne)	farmacéutico(a)
hopital	hospital
dispensaire	ambulatorio
(service des) urgences	urgencias, cuerpo de guardia
radio	radiografía
prise de sang	muestra de sangre
antiseptique	antiséptico
prescrire	recetar
antécédents	antecedentes
asmathique	asmático(a)
diabétique	diabético(a)
diabète	diabete (f)
allergique	alérgico(a)
hypertension	hipertensión, tensión alta
enceinte	embarazada
handicapé(e)	minusválido(a)
myope	miope
lunettes	gafas, espejuelos (Am)
lentilles	lentes (de contacto)

Maladie, douleur

S'exprimer

Puede repetir, por favor	
Venga por aquí	Venez ici.
Túmbese.	Allongez-vous.
¿Dónde le duele?	Où avez-vous mal ?
¿Cuánto tiempo lleva así?	Depuis combien de temps êtes-vous ainsi ?
Desvístase de cintura para arriba, por favor.	Déshabiller vous jusqu'à la taille, svp.
¿Si aprieto aquí, le duele?	Si j'appuie là je vous fais mal ?
¿Qué síntomas tiene?	Quels symptômes avez-vous ?
Pase al lado, voy a auscultarlo(la).	Passez à côté, je vais vous ausculter.
¿Está al día con sus vacunas?	Vous êtes à jour dans vos vaccins ?
¿Esta tomando otras medicinas?	Prenez-vous d'autres médicaments ?
¿Qué tratamiento le han dado anteriormente?	Quel traitement suiviez-vous auparavant ?
Respire profundamente.	Respirez à fond.
Dígame, ¿fuma usted?	Dites-moi, vous fumez ?
¿Tiene nausia después de comer o por la mañana?	Vous avez des nausées le matin ou après les repas ?

■ J'ai mal au cœur.

Estoy mareado(a)

■ J'ai mal aux yeux, aux oreilles, …

Me duelen los ojos, los oidos …

■ J'ai mal à cette dent, au ventre, au genou droit, à l'estomac, à la gorge …

Me duele este diente, el vientre, la rodilla derecha, el estómago, la garganta…

■ Mon fils a eu de la fièvre toute la nuit, et ce matin il a vomi son lait.

Mi hijo a tenido fiebre toda la noche, y esta mañana ha vomitado la leche.

■ Il n'est pas facile à soigner, parce qu'il est diabétique et allergique aux antibiotiques.

No es fácil de cuidar porque es diabético y alérgico a los antibióticos.

■ Ma fille est encore jeune et elle a des règles douloureuses.

Mi hija es muy joven todavía y tiene muchas molestias con la menstruación.

■ Je crois que j'ai un abcès à cette dent. Ma gencive est très enflammée.

Creo tener un abceso en esta muela. Tengo la encía muy inflamada.

■ Même avec une anesthésie, j'ai peur.

Incluso con la anestesia, tengo miedo.

■ J'aimerais quelque chose d'efficace contre les coups de soleil.

Quiero algo eficaz contra las quemaduras del sol.

■ Mon mari c'est tordu la cheville. Pouvez-vous me donner quelque chose qui le soulage ?

Mi marido se torció el tobillo. ¿Puede darme algo que lo alivie?

■ J'aimerais une crème anti-inflammatoire pour traiter cette éruption de boutons.

Quisiera una crema antinflamatoria para curar esta erupción de granos.

Parler de soi

→ VOIR AUSSI : PRÉSENTATIONS, ENTRE AMIS

Comprendre

je suis …	soy
… timide	… tímido(a)
… courageux	… valiente
… discret	… discreto(a)
… respectueux (se)	… respetuoso(a)
… organisé(e)	… organizado(a)
… bohème	… bohema
… introverti(e)	… introvertido(a)
… extraverti(e)	… extravertido(a)
… brutal, violent	… violento(a)
… intelligent(e)	… inteligente
… travailleur	… trabajador(a)
… accroché(e) aux études	… estudioso(a)
… lent(e)	… lento(a)
… rapide	… rápido(a)
… pantouflar(de)	… casero(a)
… grand(e)	… alto(a)
… petit(e)	… bajito(a)
… enveloppé(e)	… envuelto(a)
… mince	… delgado(a)
… maigre	… flaco(a)
… brun(e)	… moreno(a)
… blond(e)	… rubio(a)
… roux(sse)	… pelirojo(a)

J'ai des yeux …	Tengo ojos …
… clairs	… claros
… bleus	… azules
… marrons	… pardos
… gris	… grises
… noisette	… color de la avellana
… verts	… verdes
… bridés	… achinados
Mes cheveux sont …	Mi cabello es …
… longs	… largo
… courts	… corto
… frisés	… rizado
… raide	… recto
J'aime …	Me gusta …
… la nature	… la naturaleza
… les promenades	… los paseos
… marcher en montagne	… caminar en la montaña
… faire du sport	… hacer deporte
… aller à la plage	… ir a la playa
… bronzer au soleil	… broncear al sol
… aller danser	… ir a bailar
… aller au spectacle	… mirar espectáculos
… le cinéma	… el cine

... ne rien faire	... no hacer nada	en crise	en crisis
... la peinture moderne	... la pintura moderna	triste	triste
... l'art	... el arte	gai(e)	alegre
... m'occuper de ma moto	... arreglar mi moto	mélancolique	melancólico(a)
lire des magazines	leer revistas	à la mode	en la moda, en la honda
roman	novela	intellectuel(le)	intelectual
nouvelles	cuentos	manuel(le)	manual
essai	ensayo	fils (fille) unique	hijo(a) único(a)
vie	vida	famille nombreuse	familia numerosa
agité(e)	agitado(a)	aîné(e)	mayor
calme	tranquilo(a)	observer	observar
solitaire	solitario(a)	analyser	analizar
accompagné(e)	acompañado(a)	aller droit au but	ir al grano
réfléchir	pensar	tourner autour	darle la vuelta
impulsif(ve)	impulsivo(a)	du pot	al trompo
angoissé	angustiado(a)	hésiter	dudar
détendu(e)	relajado(a)	optimiste	optimista
en accord avec moi même	de acuerdo conmigo mismo	pessimiste	pesimista
		pragmatique	práctico

Parler de soi

S'exprimer

■ D'habitude je ne suis pas aussi timide, mais la barrière de la langue me gêne encore.

Normalmente no estoy tan tímido(a). Pero la barrera del idioma me molesta todavía.

■ À Paris je suis étudiant, mais ici j'essaye de travailler un peu pour payer mes vacances.

En París soy estudiante, pero aquí intento trabajar un poco para pagar mis vacaciones

■ J'aime beaucoup aller danser le soir.

Me gusta mucho ir a bailar por la noche.

■ C'est difficile d'être seule et pourtant j'aime bien la solitude.

Es difícil andar sola y nonobstante me gusta la soledad.

■ Mon travail est très fatigant, alors j'aime changer de rythme pendant les vacances.

Mi trabajo cansa mucho, entonces me gusta cambiar de ritmo durante las vacaciones.

■ Je suis l'aînée d'une famille nombreuse.

Soy la mayor de una familia numerosa.

■ J'aime trop les choses d'un autre temps.

Me gustan demasiado las cosas de otros tiempos.

■ Cela me rend mélancolique.

Esto me pone melancólica.

■ Je suis roux et franchement j'aurais préféré être blond.

Soy pelirojo, y francamente hubiera preferido ser rubio.

■ Je travaille dans un bureau moderne. Je ne peux pas me plaindre.

Trabajo en una oficina moderna. No tengo razones para quejarme.

■ Je profite des vacances pour faire du sport.
Aprovecho las vacaciones para hacer deporte.

■ Je suis très bavard, mais vraiment en espagnol je dois me contrôler !
Soy muy parlanchín, ¡pero en español necesito controlarme!

■ J'ai deux passions : les romans d'aventures et ma moto.
Tengo dos pasiones: las novelas de aventuras y la moto.

■ Veux-tu être la troisième ?
¿Quieres ser la tercera?

■ Ah ces Français ! Toujours si sûrs d'eux !
¡Vaya esos Franceses! ¡Siempre tan seguros de si mismo!

■ Et bien non, mon vieux . Je te laisse avec ta moto et tes romans d'aventures.
On m'attend.
Pues no, chaval. Te quedas con tu moto y tus novelas de aventuras.
Yo me voy, me están esperando.

■ J'en ai peut-être fait un peu trop ?
Parece que me pasé un poco.
Parece que me pasé de rosca. *(familier)*

Parler de soi

C'est bien et c'est nécessaire pour se comprendre.

Ceci dit, les Français ont une fâcheuse tendance à en faire beaucoup dans ce domaine. En Espagne, même si les choses ont vraiment changé, de vieilles rancœurs historiques rendront vos interlocuteurs parfois un peu méfiants avant de vous offrir une sincère amitié. Par contre en Amérique latine, le prestige du Français et de la Française est encore presque intacte ! Les relations sont tout de suite plus faciles. N'en abusez pas !

Les sentiments

→ VOIR AUSSI : UNE RENCONTRE

Comprendre

heureux (se)	**feliz**
formidable	**estupendo, macanudo** (Am.)
bonheur	**felicidad** (f), **dicha** (f)
malheur	**desdicha** (f)
aimer (vouloir)	**querer**
aimer (amour)	**amar**
aimer (plaire)	**gustar**
haïr	**odiar**
(res)sentir	**sentir**
regretter	**sentir, lamentar**
ressentiment	**resentimiento**
préférer	**preferir**
joie, gaîté	**alegría**
chic !	**¡viva!**
faire plaisir	**dar gusto**
triste	**triste**
tristesse	**tristeza**
enchanter	**encantar**
enchanté(e)	**encantado(a)**
mécontentement	**descontento**
colère	**colera, rabia**
être en colère	**estar enfadado(a), enojado(a)**

être énervé(e)	**dar rabia**
furieux(se)	**furioso(a)**
insupportable	**insoportable**
intolérable	**intolerable**
s'ennuyer	**aburrirse**
ennui	**aburrimiento**
heureusement	**afortunadamente, felizmente**
malheureusement	**desgraciadamente**
enfin !	**¡por fin!**
super !	**¡estupedamente!**
Comment ça va ?	**¿Cómo está(s)? ¿Cómo te (le) va?** (Am.) **¿Qué ha hecho?** (Am.)
pas mal, moyen	**regular**
pas bien du tout	**fatal**
craindre	**temer**
crainte	**temor** (m.)
peur	**miedo** (m.)
inquiétude	**inquietud**
s'inquiéter	**inquietarse**

respecter	**respetar**
le respect	**respeto**
se réjouir	**alegrarse**
se plaindre	**quejarse**
gai(e), joyeux(se)	**alegre**

gaîté	**alegría**
pourvu que, si seulement	**¡Ojala!**
chance	**suerte**
être chanceux(se)	**tener suerte**

Les verbes de souhait, désir, regret

- Comme en français, le **souhait** s'exprime avec le verbe conjugué au subjonctif.
¡Que sean felices! → *Soyez heureux !*

- Après un verbe de sentiment : **desear** (*désirer*), **temer** (*craindre*), **lamentar**, **sentir** (*regretter*), **alegrarse de** (*se réjouir de*), **quejarse de** (*se plaindre*), ou l'expression d'un jugement : **es bueno que** (*il est bon que*), **es interesante que** (*il est intéressant que*), le verbe de la subordonnée est au subjonctif.
Deseo que vengas → *Je souhaite que tu viennes.*
Era interesante que vinieras ayer. → *Il était intéressant que tu viennes hier.*

- Le **souhait** s'exprime aussi avec l'expression **¡Ojala!**
¡Ojala vengas pronto! *Pourvu que tu viennes vite !*

- Cette même expression suivie du plus-que-parfait du subjonctif exprime le **regret**.
¡Ojala hubieras venido antes! *Si seulement tu étais venu plus tôt !*

Les sentiments

S'exprimer

■ Merci beaucoup. Vous êtes très aimable.
Muy agradecido(a). Ud es muy amable.

■ Depuis qu'elle est ici, elle(il) est très heureuse(x).
Desde que está aquí, está muy feliz.

■ Elle aimerait bien aller à la plage, mais, avec cette grippe, ce n'est pas possible.
Quisiera ir a la playa, pero con este gripe, no es posible.

■ Nous aimons bien les sports de mer et nous les pratiquons tous les étés.
Nos gustan mucho los deportes de mar, y los practicamos todos los veranos.

■ Je hais les dimanches !
¡Odio los domingos!

■ Je ressens pour lui une vraie amitié et je préfèrerais en rester là.
Siento por él una verdadera amistad, y mejor quisiera (preferiría) que nos quedaramos allí.

■ Cela fait plaisir de te voir si gai(e) au milieu de tant de tristesse.
Da gusto verte tan alegre en medio de tanta tristeza.

■ Cette pièce de théâtre m'a enchanté(e)
Me ha encantado esta obra de teatro.

■ Tu es rentré très tard et ta mère était furieuse.
Regresaste muy tarde a casa y tu madre estaba furiosa.

■ Je sais que c'est intolérable, mais elle est encore jeune. Ne te mets pas en colère comme ça.
Sé que es intolerable, pero ella está muy joven todavía. No te enfades de esta manera.

■ Malheureusement je suis inquiète, car elle va très moyennement, pour ne pas dire très mal.
Desgraciadamente, estoy muy inquieta, porque ella está muy regular, por no decir fatal.

■ Je crains que tu n'arrives très en retard.
Temo que llegues muy atrasado(a).

■ Pourquoi avoir peur ? Il (elle) t'as déjà fait le coup plusieurs fois !
¿Para qué tener miedo? ¡Ya te la ha hecho varias veces!

■ Quelle chance d'avoir un mari comme ça, avec ton caractère !
¡Qué suerte tener un marido así, con tu carácter!

L'expression de la volonté

■ Après les verbes exprimant **l'ordre, le conseil ou la défense**, la subordonnée est toujours au subjonctif en respectant la concordance des temps (voir p. 116).
Ordenar, permitir (*permettre*), **exigir, aconsejar, rogar** (*prier*), **suplicar, prohibir** (*interdire*), **impedir** (*empêcher*) etc...
Te pido que vengas. → Te pedí que vinieras.
Prohibo que miren la TV. → **Prohibía que miraran** la TV.
Les aconseja que se callen → Les aconsejaría que se callaran.
■ L'expression de **l'obligation** commande aussi une subordonnée au subjonctif.
Es necesario (preciso) } **que vengas. Il faut** que tu viennes.
Hace falta
Era preciso (necesario) } **que vinieras. Il fallait** que tu viennes.
Hacía falta

Une rencontre

Comprendre

désirer	**desear**
désir	**deseo**
plaisir	**placer**
affection	**cariño** *(m.)*
affectueux(se)	**cariñoso (a)**
aimer	**querer, amar**
l'amour	**amor**
tomber amoureux	**enamorarse**
amant, maîtresse	**amante**
passion	**pasión**
amitié	**amistad**
séducteur(trice)	**seductor(ra)**
liaison	**relación**
amoureux(se)	**enamorado(a)**
faire la cour à quelqu'un	**enamorar**
petit(e) ami(e)	**amigo(a), novio(a)**
jalousie	**celos** *(m.pl.)*
jaloux(se)	**celoso(a)**
embrasser	**besar, dar un beso**
baiser	**beso**
caresser	**acariciar**
caresse	**caricia**

enlacer	**abrazar**
étreinte	**abrazo** *(m.)*
érotisme	**erotismo**
érotique	**erótico(a)**
sexe	**sexo**
sexuel	**sexual**
sexualité	**sexualidad**
séduire	**seducir**
séduisant(e)	**seductor(a)**
faire l'amour	**hacer el amor, follar** *(pop.)*
tendresse	**cariño** *(m.)*
tendre	**cariñoso(a)**
pleurer	**llorar**
larme	**lágrima**
orgasme	**orgasmo**
préservatif	**preservativo**
position	**posición**
accepter	**aceptar**
magnifique	**magnífico**
romantique	**romántico(a)**
tromper	**engañar**
sincère	**sincero(a)**
sérieux(se)	**serio(a)**

engagement	compromiso
s'engager	comprometerse
bague	sortija

alliance	anillo (de compromiso, matrimonio)

Les tournures particulières (dites « affectives »)

- Un certain nombre de verbes exprimant ce que l'on ressent (d'où leur nom de verbes à « tournure affective ») ont une construction particulière.
- Le verbe modèle est traditionnellement **gustar** (*aimer, plaire*).

La tournure équivalente en français est d'ailleurs celle du verbe «plaire ».

A mí, me gusta este libro → *J'aime ce livre. = Ce livre me plaît.*

Le sujet étant inversé, il faut faire attention à l'accord du verbe.

A mí, me gustan los libros. → *J'aime les livres. (Les livres me plaisent.)*

- Les verbes les plus courants se construisant sur ce modèle sont:

doler (*avoir mal*), **apetecer** (*avoir envie*), **saber bien/mal** (*aimer/ne pas aimer le goût de*), **pesar** (*regretter*), **avergonzar** (*avoir honte*), **sentar bien/mal** (*aller bien/mal*).

Te duelen los pies. Nos averguenza su actitud. Los sienta bien esta ropa. *(Ces vêtements leur vont bien.)*

- Suivis de l'infinitif les verbes :

tocar + inf. (*être le tour de qqun*) → **Nos toca ir de compras.** (*C'est à nous de faire les courses.*)

costar (+inf.) (*avoir du mal à*) → **Le cuesta olvidar** (*Il a du mal à oublier*).

- La conjugaison de référence est la suivante.

a mí me gusta	a nosotros(as) nos gusta
a tí te gusta	a vosotros(as) os gusta
a él (ella, Ud) le gusta	a ellos (ellas, Uds) les gusta

Une rencontre

S'exprimer

LES PETITS MOTS DE L'AMOUR

- Mon ange, mon cœur, mon amour (litt. « petit amour »)
Mi ángel, angelito mío, mi corazón, mi amorcito

- Ma vie, mon petit soleil (litt. mon petit ciel), mon trésor
Mi vida, mi cielito, mi tesoro

SE RENCONTRER

- Que fais-tu ce soir ?
¿ Qué haces por la noche?

- Je passe te chercher pour sortir ensemble ?
¿Voy a buscarte para salir juntos?

- Pourquoi ne viens-tu pas avec nous ?
¿ Por qué no vienes con nosotros?

- Parce que je sais que tu dragues toutes les filles.
Porque se que ligas a cualquira.

- Tu es agréable, formidable, ennuyeux(se).
Eres agradable, estupendo(a), aburrido(a).

- Je suis venue ici avec mon (ma) fiancé(e).
He venido aquí con mi novio(a).

- Tu es très sympathique, jolie, séduisant(e).
Eres muy simpático(a), guapa (linda Am.), seductor(a).

- Je crois que nous sommes bien ensemble.
Creo que estamos bien juntos.

- Je peux te raccompagner ?
¿Puedo acompañarte hasta tu casa (hotel)?

RESTER ENSEMBLE

■ Donne moi un baiser, embrasse-moi
Dame un beso, bésame.

■ Je peux rester un peu ?
¿Puedo quedarme un poco?

■ J'ai envie de toi, je te désire.
Te deseo.

■ Cette caresse me plaît.
Eesta caricia me gusta.

■ Cette relation ne me satisfait pas. Arrêtons-nous là.
Esta relación no me satisface. Dejemos esto aquí.

■ Je suis très jaloux(se). N'essaye pas de me tromper.
Soy muy celoso(a). No intentes engañarme.

■ Je t'aime et je souhaite te le prouver.
Te amo y deseo probártelo.

Les diminutifs

La langue espagnole aime beaucoup les diminutifs (ainsi que les augmentatifs d'ailleurs).
Dans le registre affectif, les diminutifs ajoutent de la douceur, de la tendresse, du sentiment aux mots auxquels ils s'appliquent.
Ainsi s'il vous dit : **mi mujercita** (ma petite femme), il faut comprendre : *ma femme chérie*.
De même si elle vous parle de **las cositas que haces** (les petites choses que tu fais), il s'agit en fait *des choses très agréables que tu fais*.
Ils se forment en ajoutant **–ito(a)**, **-cito(a)**, **-illo(a)**, **-uelo(a)** à la fin des mots.
Voici quelques exemples pour qu'il n'y ait aucune confusion.

beso → besito	amor → amorcito
corazon → corazoncito	cielo → cielito
tesoro → tesorito	vida → vidita

La conjugaison espagnole

Les verbes réguliers
CANTAR (chanter) Gérondif : **cantando** Participe passé : **cantado**

Présent	Imparfait)	Passé simple	Subjonctif présent
canto	cantaba	canté	cante
cantas	cantabas	cantaste	cantes
canta	cantaba	cantó	cante
cantamos	cantábamos	cantamos	cantemos
cantáis	cantabais	cantasteis	cantéis
cantan	cantaban	cantaron	canten

Subjonctif passé	Futur	Conditionnel	Impératif
cantara	cantaré	cantaría	
cantaras	cantarás	cantarías	canta (tú)
cantara	cantará	cantaría	cante (usted)
cantáramos	cantaremos	cantaríamos	cantemos
cantarais	cantaréis	cantaríais	cantad
cantaran	cantarán	cantarían	canten (ustedes)

DEBER (devoir) Gérondif : **debiendo** Participe passé : **debido**

Présent	Imparfait)	Passé simple	Subjonctif présent
debo	debía	debí	deba
debes	debías	debiste	debas
debe	debía	debió	deba
debemos	debíamos	debimos	debamos
debéis	debíais	debisteis	debáis
deben	debían	debieron	deban

Subjonctif passé	Futur	Conditionnel	Impératif
debiera	deberé	debería	
debieras	deberás	deberías	debe (tú)
debiera	deberá	debería	deba (Ud)
debiéramos	deberemos	deberíamos	debamos
debierais	deberéis	deberíais	debed
debieran	deberán	deberían	deban (Uds)

VIVIR (vivre) Gérondif : **viviendo** Participe passé : **vivido**

Présent	Imparfait)	Passé simple	Subjonctif présent
vivo	vivía	viví	viva
vives	vivías	viviste	vivas
vive	vivía	vivió	viva
vivimos	vivíamos	vivimos	vivamos
vivís	vivíais	vivisteis	viváis
viven	vivían	vivieron	vivan

Subjonctif passé	Futur	Conditionnel	Impératif
viviera	viviré	viviría	
vivieras	vivirás	vivirías	vive (tú)
viviera	vivirá	viviría	viva (usted)
viviéramos	viviremos	viviríamos	vivamos
vivierais	viviréis	viviríais	vivid
vivieran	vivirán	vivirían	vivan (ustedes)

Auxiliaires
SER (être) Gérondif : **siendo** Participe passé : **sido**

Présent	Imparfait)	Passé simple	Subjonctif présent
soy	era	fui	sea
eres	eras	fuiste	seas
es	era	fue	sea
somos	éramos	fuimos	seamos
sois	erais	fuisteis	seáis
son	son	fueron	sean

Subjonctif passé	Futur	Conditionnel	Impératif
fuera	seré	sería	
fueras	serás	serías	sé (tú)
fuera	será	sería	sea (Ud)
fuéramos	seremos	seríamos	seamos
fuerais	seréis	seríais	sed
fueran	serán	serían	sean (Uds)

ESTAR (être)	Gérondif : **estando**		Participe passé : **estado**
Présent	**Imparfait)**	**Passé simple**	**Subjonctif présent**
estoy	estaba	estuve	esté
estás	estabas	estuviste	estés
está	estaba	estuvo	esté
estamos	estábamos	estuvimos	estemos
estáis	estabais	estuvisteis	estéis
están	estaban	estuvieron	estén
Subjonctif passé	**Futur**	**Conditionnel**	**Impératif**
estuviera	estaré	estaría	
estuvieras	estarás	estarías	está (tú)
estuviera	estará	estaría	esté (Ud)
estuviéramos	estaremos	estaríamos	estemos
estuvierais	estaréis	estaríais	estad
estuvieran	estarán	estarían	estén (Uds)

HABER (avoir)	Gérondif **habiendo**		Participe passé : **habido**
Présent	**Imparfait)**	**Passé simple**	**Subjonctif présent**
he	había	hube	haya
has	habías	hubiste	hayas
ha	había	hubo	haya
hemos	habíamos	hubimos	hayamos
habéis	habíais	hubisteis	hayáis
han	habían	hubieron	hayan
Subjonctif passé	**Futur**	**Conditionnel**	**Impératif**
hubiera	habré	habría	
hubieras	habrás	habrías	
hubiera	habrá	habría	pas d'impératif
hubiéramos	habremos	habríamos	
hubierais	habréis	habríais	
hubieran	habrán	habrían	

Verbes irréguliers isolés les plus courants

IR (aller) Gérondif : **yendo** Participe passé : **ido**

Présent	Imparfait)	Passé simple	Subjonctif présent
voy	iba	fui	vaya
vas	ibas	fuiste	vayas
va	iba	fue	vaya
vamos	íbamos	fuimos	vayamos
vais	ibais	fuisteis	vayáis
van	iban	fueron	vayan

Subjonctif passé	Futur	Conditionnel	Impératif
fuera	iré	iría	ve (tú)
fueras	iras	irías	vaya (Ud)
fuera	irá	iría	
fuéramos	iremos	iríamos	vamos /vayamos
fuerais	iréis	iríais	
fueran	irán	irían	vayan (Uds)

HACER (faire) Gérondif : **haciendo** Participe passé : **hecho**

Présent	Imparfait)	Passé simple	Subjonctif présent
hago	hacía	hice	haga
haces	hacías	hiciste	hagas
hace	hacía	hizo	haga
hemos	hacíamos	hicimos	hagamos
hacéis	hacíais	hicisteis	hagáis
hacen	hacían	hicieron	hagan

Subjonctif passé	Futur	Conditionnel	Impératif
hiciera	haré	haría	
hicieras	harás	harías	haz (tú)
hiciera	hará	haría	haga (Ud)
hiciéramos	haremos	haríamos	hagamos
hicierais	haréis	haríais	haced
hicieran	harán	harían	hagan (Uds)

DAR (donner)   Gérondif : d**ando**   Participe passé : d**ado**

Présent	Imparfait)	Passé simple	Subjonctif présent
doy	daba	di	dé
das	dabas	diste	des
da	daba	dio	dé
damos	dábamos	dimos	demos
dais	dabais	disteis	deis
dan	daban	dieron	den

Subjonctif passé	Futur	Conditionnel	Impératif
diera	daré	daría	
dieras	darás	darías	da
diera	dará	daría	dé
diéramos	daremos	daríamos	demos
dierais	daréis	daríais	dad
dieran	darán	darían	den

TENER (avoir)   Gérondif : ten**iendo**   Participe passé : ten**ido**

Présent	Imparfait)	Passé simple	Subjonctif présent
tengo	tenía	tuve	tenga
tienes	tenías	tuviste	tengas
tiene	tenía	tuvó	tenga
tenemos	teníamos	tuvimos	tengamos
tenéis	teníais	tuvisteis	tengáis
tienen	tenían	tuvieron	tengan

Subjonctif passé	Futur	Conditionnel	Impératif
tuviera	tendré	tendría	
tuvieras	tendrás	tendrías	ten
tuviera	tendrá	tendría	tenga
tuviéramos	tendremos	tendríamos	tengamos
tuvierais	tendréis	tendríais	tened
tuvieran	tendrán	tendrían	tengan

Les groupes de verbes irréguliers

■ **Ceci n'est pas une règle de grammaire**, mais seulement une remarque qui permet de s'y retrouver dans la liste des irrégularités.

Souvenez-vous que,

- une irrégularité à la 1re personne du présent de l'indicatif entraîne **la même irrégularité** pour **tout le subjonctif présent** et les 3 personnes de l'impératif qui en découlent :

    TENER   **tengo** (j'ai)→ **tenga, tengas ...** (que j'aie, que tu aies...).

- une irrégularité à la 3e du pluriel du passé simple se retrouve dans les deux formes de l'imparfait du subjonctif :

    TENER   **tuve** (j'eu) ......**tuvieron** (ils eurent) → **tuviera, tuviese** (que j'eusse), **tuvieras** ......

Ces deux personnes sont donc fondamentales à connaître et vous permettent ensuite de reconstruire la grande majorité des irrégularités dites " classables ".

■ **Les verbes à diphtongues**

Dans de nombreux verbes en **-ar** et en **–er**, la voyelle accentuée diphtongue aux 1re, 2e et 3e personnes de l'indicatif et donc (voir plus haut) du subjonctif présent ainsi qu'aux 2e et 3e personnes de l'impératif.

E → IE	**apretar** *(serrer)*	**aprieto** → que **apriete, aprietes**	
	atravesar *(traverser)*	**atravieso** → que **atraviese** ...	
	calentar *(chauffer)*	**caliento** → que **caliente** ...	
	pensar *(penser)*	**pienso** → que **piense** ... etc.	
O → UE	**acostarse** *(se coucher)*	me **acuesto** → que me **acueste**	
	doler *(avoir, faire mal)*	**duele** → que **duela**	
	soñar *(rêver)*	**sueño** → que **sueñe** ... etc.	

■ **L'alternance vocalique**

• Les verbes en **–entir, -erir, -ertir**, *(sentir, preferir, invertir, mentir…)* comportent la première irrégularité (diphtongue) à laquelle s'ajoute une autre aux personnes où la syllabe accentuée n'est pas un **–i** (1re et 2e du pluriel du subjonctif présent, 3e du singulier et du pluriel du passé simple **et donc** les deux formes de l'imparfait du subjonctif dans leur totalité.

$E \rightarrow IE$ (voir verbes à diphtongue)

+

$E \rightarrow I$ **MENTIR : miento** → **que no nos mintamos** → **mintieron** *(ils mentirent)* → **mintiera, mintiese** *(que je mentisse)*

• Les verbes dont la dernière lettre du radical est un **–e** et qui se terminent en **–ir** souffrent de l'alternance vocalique seulement :

$E \rightarrow I$ **PEDIR** **pido, pidieron, pidiera, pidiese**

■ **Diphtongaison**

Les verbes **dormir** et **morir** diphtonguent et alternent la voyelle " o " :
$O \rightarrow UE$ et $O \rightarrow U$ (voir les cas ci-dessus).

■ Les verbes se terminant par **–acer, -ecer, -ucir, -ocer** (**padecer, conducir, traducir, parecer** …) ajoutent la lettre Z devant le C lorsque celui-ci est devant un **–O** ou un **-A**

CONOCER → **conozco**, et donc **conozca** (que je connaisse), **conozcas** …, et les personnes de l'impératif qui sont impliquées. Mais **conoces, conocía, conocimos** etc.

■ Les verbes en **–uir**

Un **Y** vient se placer entre le radical et la terminaison, si celle-ci ne commence pas par un **–i**.

HUIR → **huyo, huyes, huyo, huimos, huís, huyen**

MOT AMÉRICAIN	MOT CASTILLAN	TRADUCTION
acá	aquí	ici
ahí	allí	là-bas
apurarse	apresurarse	se dépêcher
boleto	billete, entrada	billet (de spectacle)
botar	echar fuera	jeter
cachimba	pipa	pipe
cantina	bar	bar à bière
carro	coche	auto
cobija, frazada	manta	couverture
cuadra	manzana	bloc de maisons entre deux rues parallèles
chancho	puerco	cochon
chile, ají	pimiento	piment
cholo(a)	mestizo(a)	métis d'indien
elevador	ascensor	ascenseur
extrañar	echar de menos	regretter
manejar	conducir	conduire
ofertar	ofrecer	offrir
pararse	levantarse	se lever
recién + verbe conjugué	a penas	à peine, tout juste
tomar	beber	boire
vereda	acera	trottoir
zafra		récolte (canne à sucre, café)
zócalo	plaza mayor	place centrale

Faux amis

ESPAGNOL	FRANÇAIS	FRANÇAIS	ESPAGNOL
acordar	décider	accorder	otorgar
amasar	pétrir	amasser	amontonar
animar	encourager	animer	amenizar
apelar	faire appel	appeler	llamar
apretar	serrer	apprêter	preparar
barrer	balayer	barrer	rayar
bufete	cabinet	buffet	aparador
carta	lettre	carte(plan)	mapa
colar	filtrer	coller	pegar
concurrencia	affluence	concurrence	competencia
contestar	répondre	contester	poner en duda
criar	éléver	crier	gritar
decoro	respect	decor	decorado
discutir	se disputer	discuter	conversar
divisar	apercevoir	diviser	dividir
doblar	plier	doubler	duplicar, adelantar (voiture)
entender	comprendre	entendre	oir
exprimir	presser (jus)	exprimer	expresar
largo(a)	long(ue)	large	ancho(a)
mancha	tache	manche	manga
partir	diviser	partir	irse, marcharse
pillar	attraper	piller	saquear
quitar	enlever	quitter	abandonar
timbre	sonnette	timbre	sello

Index

Index

Index

Index en espagnol

Index

Index

Index

Composition et mise en pages : I.G.S.
Imprimé en France par l'imprimerie Hérissey - N° 104194
Dépôt légal : 85152 – Mars 2007
ISBN : 978-2-501-04384-7 – 4093373/03